2016年度教育部人文社会科学研究青年基金项目（16YJC790062）资助
西安财经大学博士后创新基金项目资助（支持）
陕西省第二批"三秦学者"岗位专项资助

"中国模式"的转型研究

刘若江　著

中国财经出版传媒集团
中国财政经济出版社

图书在版编目（CIP）数据

"中国模式"的转型研究／刘若江著． ——北京：中国财政经济出版社，2019.12
　　ISBN 978 – 7 – 5095 – 9547 – 3

　　Ⅰ．①中…　Ⅱ．①刘…　Ⅲ．①中国经济 – 转型经济 – 研究　Ⅳ．①F12

中国版本图书馆 CIP 数据核字（2019）第 294210 号

　　责任编辑：马　真　　　　　　　　　责任校对：徐艳丽
　　封面设计：陈宇琰

中国财政经济出版社 出版

URL：http：//www.cfeph.cn
E – mail：cfeph@cfeph.cn

（版权所有　翻印必究）

社址：北京市海淀区阜成路甲 28 号　邮政编码：100142
营销中心电话：010 – 88191537　编辑部门电话：010 – 88190666
北京财经印刷厂印刷　各地新华书店经销
787×1092 毫米　16 开　10 印张　210 000 字
2019 年 12 月第 1 版　2019 年 12 月北京第 1 次印刷
定价：60.00 元
ISBN 978 – 7 – 5095 – 9547 – 3
（图书出现印装问题，本社负责调换）
本社质量投诉电话：010 – 88190744
打击盗版举报热线：010 – 88191661　QQ：2242791300

前　言

中国已经进入社会经济转型的新阶段，应该如何保障"中国模式"的转型成果？如何保持中国经济发展的可持续性？特别是"体制模式"转型、"结构模式"转型和"发展模式"转型对中国经济发展的作用，对我们转型的可持续性具有十分重要的理论及现实意义。本书以"中国模式"的转型为研究中心，从"体制模式"转型、"结构模式"转型和"发展模式"转型三个方面，提出"中国模式"转型的框架结构，并对"中国模式"转型绩效进行综合评价，最后提出"中国模式"转型的创新支持路径。本书研究中实现了以下几个方面的创新：实现了"中国模式"的理论创新，探讨了"中国模式"的同质性和异质性，构建"中国模式"转型和"中国模式"转型绩效框架，对"中国模式"转型绩效进行综合评价，从模式的体制创新支持、结构创新支持和发展战略创新支持三个方面，为"中国模式"的长期可持续发展提供创新支持路径。

本书研究结论如下：对"中国模式"转型绩效的综合评价。将"中国模式"转型绩效划分为三个主要维度，分别为体制转型绩效、结构转型绩效和发展方式转型绩效，构建"中国模式"转型绩效评价体系，对"中国模式"转型绩效进行综合性评价。首先指出了"中国模式"转型绩效的内涵，其次构建"中国模式"转型绩效评价体系，提出评价的原则、确立权重，测算"中国模式"转型绩效综合指数。测算结果得出：第一，从总体来看，中国改革开放40年的时间内，"中国模式"转型绩效呈现逐年递增的趋势，但是未来，如何保持"中国模式"转型绩效的不断递增趋势，这也就是说，未来中国长期的制度变迁中，如何避免边际报酬递减，实现规模报酬递增需要考虑后期制度变迁效率、"中国模式"转型的成本大小，以及"中国模式"转型成本分摊中的利益方博弈失衡所带来的效率损失大小；第二，"体制模式"转型绩效是最为突出的，也是促进中国经济发展最为直接的贡献力量。这表明在"中国模式"转型中，国家越来越倾向于转变政府职能，实现从"微观"调控向"宏观"调控的转变，发挥市场在资源配置中的基础作用，减少国家行政干预；第三，"中国模式"转型绩效阶段主要分为四个阶段，四个阶段的变化与中国现实发展状况相互符合。对此本书提出两点政策建议：第一，发挥国家主体在"中国模式"转型后的有效控制作用；第二，"中国模式"转型后期的重点需要根据转型实际结果进行调整。

本书提出了"中国模式"转型的创新支持路径。运用"中国模式"在体制、结构和发展战略的创新支持，使其实现"中国模式"的长期可持续发展路径。第一，"中国模式"转型中，必须构建转型的体制创新支撑，为"中国模式"转型做好体制保障，"中国模式"转型体制创新支持包括经济体制的创新支持、行政体制的创新支持、科技体制的创新支持和社会体制的创新支持；第二，"中国模式"的结构创新支持显得尤为重要，它是"中国模式"转型的核心，"中国模式"转型结构创新支持包括新常态下的经济结构化提升、工业化与城市化、城镇化的发展和推进网络经济发展；第三，"中国模式"转型的发展战略创新支持，是"中国模式"转型的未来发展方向，它包括了战略思路的创新、战略目标的创新、战略内容的创新和战略支持的创新。

作　者

2019 年 6 月

目　录

导论 ………………………………………………………………………（ 1 ）
　　选题背景与意义 ………………………………………………………（ 1 ）
　　研究思路与内容 ………………………………………………………（ 4 ）
　　研究方法与创新之处 …………………………………………………（ 5 ）
　　框架结构 ………………………………………………………………（ 7 ）

第1章　"中国模式"转型文献述评 ……………………………………（ 9 ）
　　1.1　国内外对"中国模式"转型的文献综述 …………………………（ 9 ）
　　1.2　现有研究的评价及本书研究的视角 ……………………………（ 14 ）

第2章　"中国模式"转型的分析框架 …………………………………（ 16 ）
　　2.1　"中国模式"界定 …………………………………………………（ 16 ）
　　2.2　"中国模式"的历史变迁和特征 …………………………………（ 19 ）
　　2.3　"中国模式"转型的三维分析框架 ………………………………（ 24 ）
　　2.4　三维模式转型的关系 ……………………………………………（ 26 ）

第3章　"中国模式"转型绩效及评价 …………………………………（ 28 ）
　　3.1　"中国模式"转型绩效内涵 ………………………………………（ 28 ）
　　3.2　"中国模式"转型绩效评价体系的构建 …………………………（ 29 ）
　　3.3　"中国模式"转型绩效评价 ………………………………………（ 32 ）
　　3.4　评价结果的理论分析 ……………………………………………（ 36 ）

第4章　新常态下"中国模式"未来转型的制约因素分析 ……………（ 38 ）
　　4.1　新常态的界定及其特征分析 ……………………………………（ 38 ）
　　4.2　新常态下中国经济发展的阶段性特征 …………………………（ 40 ）
　　4.3　新常态下"中国模式"未来转型的制约因素 ……………………（ 44 ）

第5章 "中国模式"同质性与异质性分析 (50)
- 5.1 世界各国几种转型模式 (50)
- 5.2 "中国模式"的同质性分析 (53)
- 5.3 "中国模式"的异质性分析 (56)
- 5.4 "中国模式"的价值和意义 (60)

第6章 中国"体制模式"转型 (64)
- 6.1 中国"体制模式"转型的进程 (64)
- 6.2 政府在中国"体制模式"转型中对社会主义市场经济制度的完善 (66)
- 6.3 中国"体制模式"转型的绩效分析 (68)
- 6.4 中国"体制模式"转型的问题 (70)
- 6.5 中国"体制模式"进一步转型的路径 (71)

第7章 中国"结构模式"转型 (73)
- 7.1 中国"结构模式"转型的内涵和内容 (73)
- 7.2 中国"结构模式"转型的现状和问题 (76)
- 7.3 中国"结构模式"失衡的原因分析 (79)
- 7.4 中国"结构模式"进一步转型的路径 (80)

第8章 中国"发展模式"转型 (83)
- 8.1 中国"发展模式"转型的内涵和内容 (83)
- 8.2 中国"发展模式"转型的问题 (85)
- 8.3 中国"发展模式"进一步转型的路径 (88)

第9章 新常态背景下"中国模式"转型的机制 (92)
- 9.1 创新驱动机制 (92)
- 9.2 动能转化机制 (100)
- 9.3 结构升级机制 (102)
- 9.4 约束机制 (104)

第10章 新常态下"中国模式"转型的路径 (107)
- 10.1 从数量增长向质量增长的转变 (107)
- 10.2 从产业价值链的低端向高端转变 (109)
- 10.3 充分发挥市场机制的作用 (112)
- 10.4 加强政府的宏观调控 (114)
- 10.5 防范转型的风险 (116)

第 11 章 新常态下"中国模式"转型的创新支持 ……………………………… (119)
11.1 "中国模式"转型的体制创新支持 …………………………………… (119)
11.2 "中国模式"转型的结构创新支持 …………………………………… (122)
11.3 "中国模式"转型的发展战略创新支持 ……………………………… (124)

第 12 章 新常态背景下"中国模式"转型的政策支持 ………………………… (127)
12.1 积极财政政策 …………………………………………………………… (127)
12.2 稳健的货币政策 ………………………………………………………… (129)
12.3 促进三大需求协调发展 ………………………………………………… (132)
12.4 推进重点领域改革 ……………………………………………………… (135)
12.5 引领产业创新发展 ……………………………………………………… (137)

第 13 章 结论与展望 …………………………………………………………… (140)
13.1 研究主要结论 …………………………………………………………… (140)
13.2 有待进一步研究的问题 ………………………………………………… (141)

参考文献 ……………………………………………………………………………… (142)

导　　论

选题背景与意义

选题背景

2017年，中国共产党第十九次全国代表大会胜利召开，在这次会议上对中国未来经济增长发展的驱动力、中国经济增长模式以及未来经济发展路径进行了详细的描述，此次会议在中国经历了近40年改革发展历程的基础上，提出了有关中国现代经济体系发展的一系列相关命题，对未来"中国模式"转型中的体制创新、结构创新和发展战略创新构建了一幅美好的蓝图。

发展与现代化是人类经济社会发展过程中必然面临的重要问题，当前全球化经济发展中，学术界也不断加强对发展与现代化的研究。在历史的发展长河中，各个国家必然要经历现代化的发展道路，而现代化的发展历程也必然不会因人们意愿的影响而改变，但是由于各个国家经济起点不同、历史条件差异、发展速度各异等，现代化的"发展模式"是不一样的。中国的现代化进程开始于20世纪70年代，形成了具有中国特色的社会主义现代化道路——"中国模式"，并对世界现代化总体进程产生了深远的影响。

中国自1978年的改革开放以来，经济保持了高速增长的态势，中国的GDP增长一直以高于10%的增速水平发展。中国经济取得的引人注目的成就得到了全世界的关注，中国经济是如何取得如此的成绩，成为当今世界关注的焦点。因此，国内外许多学者提出了"中国奇迹""中国模式"等概念，但实际上，相对于中国经济建设的飞速发展，"中国模式"还存在许多的问题。目前，"中国模式"正发生很大的改变，中国传统的"发展模式"得到不断完善，现代发展方式得到有效认可。在当前中国经济进入新常态的背景下，国际和国内发展形势要求中国必须对当前的"发展模式"进行重新思考，特别是在"中国模式"转型方面，存在着中国"体制模式"转型、中国"结构模式"转型和中国"发展模式"转型三个方面的模式转型问题。

当前中国进入了新的发展阶段，从2011年开始，中国GDP超过日本，成为世界第二大经济体。从2012年开始，经济增速下滑，中国经济进入了新常态。在新常态背景下中国已经进入社会经济转型的新阶段，应该如何保障"中国模式"的转型成功？如何保持中国经济发展的可持续性？特别是"体制模式"转型、"结构模式"转型和"发展模式"转型这三者如何发挥对中国经济增长点的贡献作用是当前理论研究的重点内容。

研究意义

改革开放以后，中国经历了30多年的高速增长时期，中国经济成为世界第二大经济体，面临着由经济大国向经济强国的转变，如何将这种高效的成果延续下去，实现中国经济增长的可持续性，保障"中国模式"的转型成功？本书以"中国模式"的转型研究为题进行写作与研究，该选题具有一定的理论意义和现实指导意义。

1. 理论意义。

第一，从转型经济学、发展经济学、制度经济学以及政治经济学等相关理论中提取支持本题目观点的理论依据，通过比较制度分析方法，在理论上阐释"中国模式"的同质性与异质性，丰富与发展转型理论。本书研究的一个重要内容就是要通过比较制度分析方法阐释出"中国模式"的同质性与异质性，并在此基础上建立"中国模式"转型的分析框架，论证"中国模式"在体制、结构与发展三个方面的转型路径，为目前国内大量的实证研究提供理论支撑，这正是本书研究理论意义的重要体现。

第二，"中国模式"转型坚持以马克思主义经济学理论为依据，将马克思主义基本原理与中国国情相结合，进行中国特色的发展经验总结，推动中国特色社会主义理论体系的完善。马克思主义基本原理与社会实践相结合是马克思主义的本质要求和根本属性，马克思主义之所以诞生以后有如此长久的生命力，主要在于各国在社会发展道路中将马克思主义基本原理与本国国情相结合，形成了与时俱进、开拓创新、时代化和民族化的马克思主义。"中国模式"的实质证实改革开放以来，形成了中国特色社会主义体系、社会主义发展道路的经验和总结、中国特色社会主义理论体系。"中国模式"之所以形成和成功在于中国人民群众利用马克思主义改造中国现实社会，执政党维护最广大人民群众的利益，开拓中国特色社会主义发展道路，凝聚中华民族的智慧和灵魂，从而形成了中国特色的社会主义理论体系。本书以"中国模式"转型为研究对象，将进一步深化中国特色的社会主义理论体系，最大可能地促进马克思主义基本原理与中国实践相结合，促进社会的全面发展和进步。

第三，"中国模式"转型研究将进一步丰富马克思主义经济学。通过对"中国模式"内涵、"中国模式"转型绩效、转型收益评价和转型路径的研究，在中国社会主义现代化建设中，将马克思主义体系更加丰富化，并指导社会主义建设。"中国模式"转型的研究丰富了马克思主义关于生产力与生产关系、经济基础和上层建筑的历史唯物主义学说，丰富了马克思主义关于社会主义发展阶段和特征的学说,丰富了马克思主义关于商品经济发展的学说。

2. 现实意义。

中国现代化建设、工业化建设相对于发达国家来说起步晚,中国现代化"发展模式"是一种外源式、后发的"发展模式"。改革开放以前,中国经济基础十分薄弱、生产力水平低下、工业生产落后、人均 GDP 发展缓慢。改革开放以后,中国经济发展坚持以马克思主义基本原理为理论指导,结合中国经济发展的实践,从而形成了具有中国特色的社会主义发展路径,这一路径被称之为特色的"中国模式"。中国经济增长率快速发展、中国工业化和现代化水平大步前进,中国脱贫致富走向 GDP 世界排名第二的地位,"中国模式"的形成及其转型对中华民族伟大复兴,以及促进经济社会持续协调发展具有十分重要的现实意义。

第一,本书关于"中国模式"转型的研究,对促进中华民族伟大复兴的进程有现实意义。1978 年改革开放以后,中国经济社会发展步伐加快,中国取得了翻天覆地的变化,中国经济从濒临崩溃到经济总量世界排名第二,中国人民从贫穷落后到走向总体小康社会,农村贫困人口减少两千多万,中国的政治文明、社会文明等都得到良好发展,这主要是得益于"中国模式"的转型成功,深入研究"中国模式"转型理论,对加快中华民族伟大复兴的进程具有十分重要的现实意义。

第二,对实现"中国模式"的长期可持续性具有重要意义。"中国模式"最为主要的特点是结合中国社会主义道路发展实践,对中国国情进行充分认识,而不是对西方、苏联进行全盘模仿。因此,本书对"中国模式"的进一步研究,就是深刻理解和探索"中国模式"的特色,从现实意义角度看,就是寻求"模式"长期可持续性发展路径,以及创新支持。本书试图建立"中国模式"综合评价指标体系,运用"中国模式"的创新支持,使其实现"中国模式"的长期可持续发展路径。

第三,对中国实现由经济大国向经济强国转变具有重要意义。2011 年,中国超过日本成为世界第二大经济体,随着中国在全球经济体系中地位的提升,技术优势明显的发达国家对转移转让技术变得更加谨慎,而国内要素成本上升,低成本优势趋于削弱,技术含量较低的劳动密集型产品所占领的空间急剧缩小。目前,我国要保持较快的经济增长,就必须改变对低成本资源和高强度要素投入的过度依赖,提升自主创新能力,加快人力资本的积累,我国需要完成从大国向强国的转变,应把发展战略的重点从追赶转向创新驱动。

第四,对新常态背景下的经济转型具有重要意义。目前在中国,新常态下的经济转型具有两个基本特征,一个是"从高速增长转向中高速乃至中速增长",这个已经成为事实;另一个是"从规模速度型粗放增长转向质量效益型集约增长",这个还有待实现。确立新常态的主要条件是要提高效率,改善架构,实现经济发展方式的转型。目前,全面深化改革是新常态下经济转型的重中之重。

研究思路与内容

研究思路

本书以马克思主义经济学理论与方法为指导，借鉴转型经济学、制度经济学的理论与方法来研究"中国模式"的转型，目的是探讨"中国模式"发展可持续性的路径。首先对"中国模式"的内涵和外延进行了明确的界定，对其形成和特征进行分析并构建"中国模式"转型的理论分析框架，同时从同质性和异质性两个方面分析"中国模式"的性质，随后建立度量"中国模式"转型的指数并对"中国模式"的转型绩效进行综合评价，并在此基础上，将分别从"体制模式"转型、"结构模式"转型和"发展模式"转型等三个维度对"中国模式"问题进行理论阐释，结合"中国模式"转型的创新支持，最终得出"中国模式"转型的路径选择。

研究内容

笔者在梳理国内外关于"中国模式"转型相关研究理论的基础上，采用定性研究和定量研究相结合的方法，探讨"中国模式"的转型问题。本书的主要研究内容包含以下几个方面：

1. "中国模式"的界定及其分析框架。

从"中国模式"的历史变迁和特征入手，对"中国模式"的外延与内涵进行清晰界定，并在此基础上构建出"中国模式"转型的分析框架。

2. "中国模式"转型的绩效及评价。

在"中国模式"内涵基础上构建定量指标评价体系，利用转型绩效和转型成本的逻辑关系，将"中国模式"转型绩效划分为"体制模式"转型绩效、"结构模式"转型绩效和"发展模式"转型绩效三个维度，构建出"中国模式"转型绩效评价体系。

3. "中国模式"同质性与异质性的分析。

通过对"中国模式"和其他转型国家的经济发展模式进行比较，总结出"中国模式"与其他模式的异同，并探讨"中国模式"同质性和异质性的价值。

4. 中国"体制模式"转型的分析。

在现有研究中国经济体制转型相关文献的基础上，提出要在 30 多年社会主义市场经济体制转型的基础上完善经济体制。

5. 中国"结构模式"转型的分析。

针对目前中国经济结构失衡的问题，结合十八大以后经济结构转型升级，提出中国经济结构模式转型的方向和方式。

6. 中国"发展模式"转型的分析。

"中国模式"发展方式的转型是"发展模式"转型的核心内容，重点解决在新常态下如何促进中国经济发展方式顺利转型。

7. "中国模式"转型的创新路径选择。

运用"中国模式"在体制、结构和发展战略上的创新支持，使其实现"中国模式"的长期可持续发展路径。

研究方法与创新之处

研究方法

本书以经济学理论为指导，对"中国模式"的转型问题进行深入研究，所采用的方法主要为规范分析和实证分析相结合、定性和定量相结合、数量统计方法和比较分析方法。

1. 规范分析和实证分析相结合。

规范分析和实证分析是两个密切结合的分析方法，规范分析主要研究"应该是什么"的问题，实证分析则研究"是什么"的问题。本书采用规范分析方法对中国过去经济转型模式以及未来经济转型模式的逻辑进行分析，提出自己的假说和判断，同时采用统计数据对以上规范分析的逻辑机理进行实证检验和分析，力图将规范分析的方法和实证分析的方法统一起来。

2. 定性研究和定量研究相结合的方法。

其中定性是根据自然社会发展的规律、矛盾，从内在规定性的角度来研究一种事物的方法。而定量研究则是采用调查分析、统计等方式，建立一定的假设，收集相关的资料进行数量的证明。本书通过定性与定量分析相结合的方法，对中国"体制模式"转型绩效、"结构模式"转型绩效与"发展模式"转型绩效进行论述，并结合相关统计数据运用统计学方法对"中国模式"转型绩效评价指标体系进行测算，分析其变化趋势和特征规律。

3. 数量统计方法。

即对客观事物的数量特征进行统计、归纳和整理，借助一定的统计软件，分析其数量分布特征，数量统计分析方法被广泛应用于理论研究的多个领域。本书依据"中国模式"转型的内涵，运用经济统计分析方法建立"中国模式"转型绩效评价指标体系，对"中国模式"转型绩效状态进行评价。

4. 比较分析法。

比较分析法是经济学领域经常用到的一种方法，比较分析法可以划分为横向比较法和纵向比较法。其中横向比较分析法主要以区域、空间为划分对象，考察在不同区域、不同空间上所表现出来的不同性质和特征。而纵向比较法则是比较事物在不同时间点上所表现出来的不同性质和特点。本书通过与世界上几种经济转型模式进行比较，运用横向比较分析的方法得出与中国经济发展模式的不同和相同之处，总结世界上几种经济转型模式的优点和缺点，为"中国模式"转型做好铺垫。

创新之处

本书拟在针对"中国模式"转型问题的基础上，通过对"中国模式"的"体制模式"转型、"结构模式"转型和"发展模式"转型三个方面的分析，并结合"中国模式"的创新支持，探讨"中国模式"的转型之策。本书的研究将主要有以下三个创新之处：

1. 探讨了"中国模式"的同质性和异质性。

对比"中国模式"和其他模式的异同，探讨"中国模式"的同质性和异质性。指出"中国模式"的异质性的实质是"中国特色"，针对"中国模式"的异质性、价值和意义进行研究，对比"中国模式"和其他模式的异同，探讨"中国模式"的同质性、异质性和价值。首先，将"中国模式"与世界各国几种"发展模式"如苏联模式、东欧模式和拉美模式等进行对比，得出该几种经济发展模式不适合中国社会主义发展道路。其次，对"中国模式"的异质性进行分析，指出"中国模式"是一种社会主义"发展模式"，"中国模式"是一个动态的概念，"中国模式"是对改革开放以来中国经济发展路径中成功经验的总结，体现了中国特色的经济社会发展理念。最后，指出"中国模式"的价值和意义，是社会主义经济发展的新型模式，是广大发展中国家走向现代化的有益模式，深刻证实了各个国家的发展不能照抄照搬他国道路，而应探寻适合本国国情的模式。

2. 从定量研究的角度对"中国模式"转型绩效进行综合评价。

构建"中国模式"转型绩效评价指标体系，描述当前"中国模式"转型的状态。研究得出重要结论：（1）从总体来看，中国33年的时间内，"中国模式"转型绩效呈现逐年递增的趋势，但是未来，如何保持"中国模式"转型绩效的不断递增趋势，这也就是说，未来中国长期的制度变迁中，如果避免边际报酬递减，实现规模报酬递增，需要考虑后期制度变迁效率、"中国模式"转型的成本大小，以及"中国模式"转型成本分摊中的利益方博弈失衡所带来的效率损失大小。（2）"体制模式"转型绩效是最为突出的，也是促进中国经济发展最为直接的贡献力量。这表明在"中国模式"转型中，国家越来越倾向于转变政府职能，实现从"微观"调控向"直接"调控的转变，突出市场机制在资源配置中的重要作用，弱化国家行政手段对市场的干预。（3）"中国模式"转型绩效阶段主要分为四个阶段，四个阶段的变化与中国现实发展状况相符合。对此本书提出两点政策建议：第一，发挥国家主体在"中国模式"转型后的有效控制作用；第二，"中国模式"转型后期的重点需要根据转型实际结果进行调整。

3. 从创新支持的角度，为"中国模式"的长期可持续发展提供创新支持路径。

运用"中国模式"在体制、结构和发展战略的创新支持，使其实现"中国模式"的长期可持续发展路径。第一，"中国模式"转型中，必须构建转型的体制创新支撑，为"中国模式"转型做好体制保障，"中国模式"转型体制创新支持包括经济体制的创新支持、行政体制的创新支持、科技体制的创新支持和社会体制的创新支持；第二，"中国模式"的结构创新支持显得尤为重要，它是"中国模式"转型的核心，"中国模式"转型结构创新支持包括新常态下的经济结构化提升、工业化与城市化、城镇化的发展和推进网络经济发展；第三，"中国模式"转型的发展战略创新支持，是"中国模式"转型的未来发展方向，它包括了战略思路的创新、战略目标的创新、战略内容的创新和战略支持的创新。

框架结构

本书在大量的文献综述基础上，首先对"中国模式"的内涵与外延进行界定、对其形成和特征进行分析并构建"中国模式"转型的理论分析框架，同时从同质性和异质性两个方面分析"中国模式"的性质，然后建立度量"中国模式"转型的指数并对"中国模式"进行综合评价。在此基础上，本书将分别从"体制模式"转型、"结构模式"转型和"发展模式"转型三个维度来对"中国模式"问题进行理论阐释，结合"中国模式"转型的体制创新、结构创新和发展战略创新的支持，得出"中国模式"转型的路径选择。本书的框架结构如图1所示。

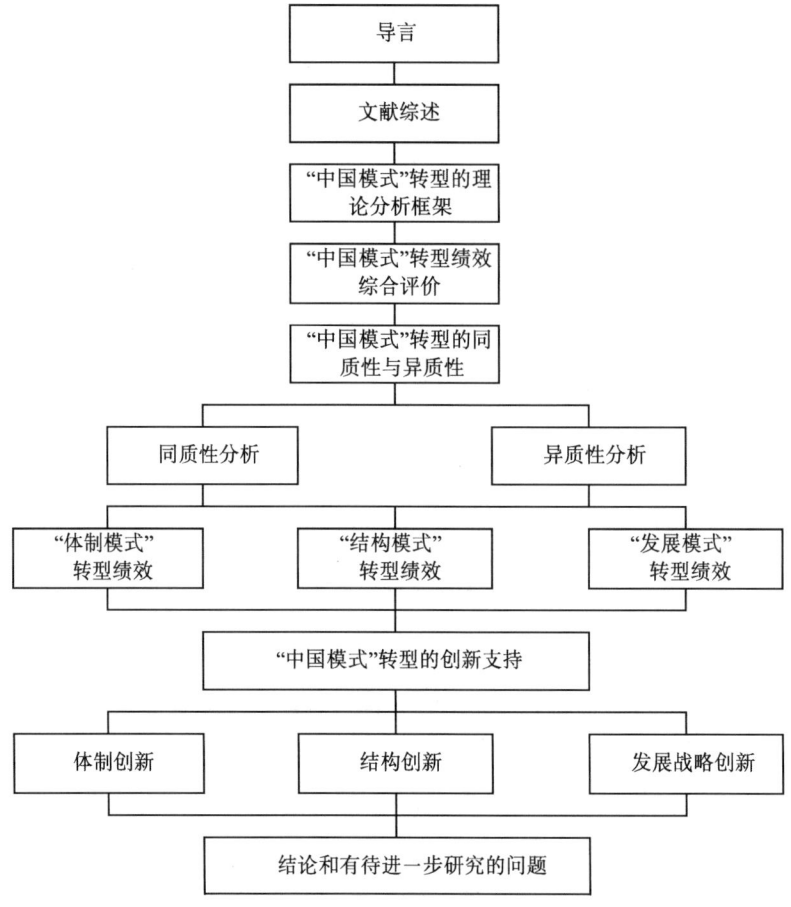

图 1　框架结构

第1章

"中国模式"转型文献述评

20世纪90年代以来,"中国模式"引起了国际、国内学术界的广泛研究,本章主要对国际、国内研究进行全面综述,并在综述的基础上来提出本书的研究视角。

1.1 国内外对"中国模式"转型的文献综述

"中国模式"是国内外学者研究的一个热点问题。最早乔舒亚·库珀·雷默提出了"北京共识"的研究观点,自此之后关于"中国模式"的研究掀起了热潮。其中,比较具有代表性的研究观点主要有以下几种。

美国左翼学者马丁·哈特-兰兹伯格和保罗·伯克特(2005)认为"中国模式"是资本主义在中国国情下的复辟,他指出中国模式是具有中国特色的发展道路和模式[1]。詹姆斯·曼恩(2008)提出,"中国模式"本质上是资本主义发展模式,但是在中国,这种发展模式并不能带来资本主义发展所形成的民主和自由[2]。英国学者马丁·雅克(2009)则是从传统文化的角度对"中国模式"进行研究,指出传统文化在促进"中国模式"形成中所起到的重要地位和作用,并探讨了传统文化对于未来世界发展所产生的重要影响[3]。

特蕾莎·莱特(2010)则承认"中国模式"实际上是一种资本主义模式,他还进一步详细分析了为什么资本主义的民主和自由没有在中国形成[4]。而英国《经济学人》周刊对"中国模式"的内涵、特点、重要意义等方面,从不同的角度进行了多方位研究。国外的一些媒体也对"中国模式"进行了深入的研究,例如新加坡《联合早报》;另外,一些海外华裔研究者,例如郑永年、杜平等也对"中国模式"进行了深入考察,探索了"中

---

[1] 马丁·哈特-兰兹伯格、保罗·伯克特:*China and socialism: market reforms and class struggle*,《每月评论》出版社,2005年。

[2] 詹姆斯·曼恩:*Why Capitalism Will Not Bring Democracy to China*,企鹅出版社,2008年。

[3] 马丁·雅克:*When China Rules the World: The Rise of the Middle Kingdom and the End of the Western World*,Allen Lane 出版社,2009年。

[4] 特蕾莎·莱特:*Accepting Authoritarianism: State-Society Relations in China's Reform Era*,斯坦福大学出版社,2010年。

国模式"的内涵，"中国模式"的本质属性，"中国模式"所存在的弊端以及"中国模式"未来改进的方向等。

在国外对"中国模式"研究的热潮下，国内的理论界则对其保持了高度沉默。多数国内理论研究者一致认为：国外关于"中国模式"的研究没有基于中国实践、国情，缺乏深度研究，国外一些媒体的报道多是肤浅的，不足以纳入理论体系而存在。但是最近几年，国内的理论研究者也开始关注国外关于"中国模式"的文献，随着"中国模式"研究热潮的兴起，国内开始出现了大量的研究著作，如《中国的转型模式：反思与创新》（张宇，2006，经济科学出版社）、《中国模式：改革开放30年以来的中国经济》（张宇，2008，中国经济出版社）、《中国模式：海外看中国崛起》（王辉耀，2010，凤凰出版社）、《中国模式：经验与困局》（郑永年，2010，浙江人民出版社）、《论中国模式》（齐世泽，2010，中国方正出版社）、《中国震撼：一个"文明型国家"的崛起》（张维为，2011，上海人民出版社）、《奇迹的建构：海外学者论中国模式》（王新颖，2011，中央编译出版社）、《中国模式之争》（李建国，2013，中国社会科学出版社）、《中国道路与中国模式》（侯惠勤，2015，中国社会科学文献出版社）等。

1.1.1 关于"体制模式"转型的文献综述

在中国模式"体制转型"方面。国内的研究主要有：林毅夫、吴敬琏、张军、樊纲等基于改革战略、转型策略的角度对中国体制模式转型进行了深入分析；张宇、周冰等则将转型的初始条件和转型策略相互结合进行深入分析；刘国光、厉以宁、周振华、吕炜、王玉海等则将中国经济发展与经济转型相互结合切入研究主题。

1. 战略或策略论。

林毅夫（2004）提出中国经济改革之所以成功的根本原因和核心因素在于对中国经济发展战略的成功转轨，实现了从"赶超战略"逐步向以充分利用中国资源优势的"发展战略"过渡。中国在改革开放以前，实行的以重工业发展促进中国经济发展的"赶超战略"是导致当前中国经济发展缓慢的重要原因之一，而1978年改革开放以后，中国经济获得了飞速的发展，其关键因素在于"赶超战略"的改变，形成了当前"三位一体"的经济体制。中国农业劳动力开始转移，中国经济总量和经济结构向着协调方向发展，随着中国经济的不断发展，国民内部传统部门得以改道，二元制经济结构不断平衡，国民经济快速发展。另外，中国改革之所以能够成功，另一个原因在于中国在经济发展中采用了成本小、风险小的渐进式改革模式[①]。

樊纲（1993）指出中国渐进式改革的核心内容为体制外突破和增量改革，中国实行渐进式改革模式实际上是在原有旧体制不改变的基础之上培育新的体制，而这种新体制的培育则为中国经济改革创造新的条件。新体制培育的核心是发展非国有经济，通过非国有经

---

① 林毅夫：《中国的奇迹：发展战略与经济改革》，格致出版社，1999年。

济的发展构建一个收入增量,从而有效减少了中国渐进式改革的成本,并为中国国有经济发展提供一个示范效应,培育了具有竞争性的社会主义市场经济环境①。张军(1997)认为中国实行的价格双轨制在国有部门转型中发挥了极大的作用,促进了产出增长。正是价格双轨制的实行,才使得中国转型并没有呈现像东欧国家那样的经济急剧下滑②。周振华(1998)则指出改革程序作用装置的不同决定了改革绩效的不同,与苏联激进式改革相比,在程序设定上,中国改革目标进行动态化管理,选择弹性的改革方式,而苏联则完全相反,正是两国在作用装置上的差异决定了中国的改革走向成功,而苏联的改革走向失败的结局③。

2. 初始条件与转型策略结合论。

国内的一些学者认为中国所具备的初始条件和转型过程中所使用的策略是共同构成中国体制转型成功的重要原因。如张宇(2006)提出初始条件作为一个外部环境条件,实际上对"中国模式"转型的成功起到一定的保障作用,但不是根本决定作用。初始条件与政策、策略等因素的结合则决定了中国转型过程中所获得的绩效④。他还构建了一个中国体制模式转型的框架⑤,认为中国渐进式改革成功的原因是多方面的,第一是具备较好的初始结构条件,其次在于中国实行了双轨的过渡模式,并且体制内改革和体制外改革相结合,加上中国在政治、经济等环节上的保护和促进,使得中国体制模式成功转型成为必然。但是他指出这仅仅是中国改革成功的表象性因素,中国渐进式改革之所以获得成功最为关键的因素在于中国的社会主义宪法具有良好的包容性和灵活性,为中国改革提供了良好的制度环境。正是在这种灵活而宽容的宪法制度下,中国改革过程不断吸收资本主义的良性的物质文化、精神文化,为中国生产力的发展和社会进步注入了动力⑥。

周冰与靳涛(2005)提出了中国体制模式转型的综合因素决定论,指出"中国模式"转型主要得益于具备良好的初始条件,这一初始条件主要包含原有计划经济体制的优势、良好的外部环境以及具备了良好的改革时机。但是他指出初始条件仅仅是一个客观性的因素,并不能对中国体制模式转型起决定性作用,根本的决定因素在于改革策略的实施,包括在合法性政策的运用、制度的安排、改革过程中对利益的分配和调整等⑦。

3. 经济发展与经济转型结合论。

中国一些学者还提出了经济发展与经济转型结合论,这种理论是将中国经济发展与中国经济转型看作一个过程中不同的组成部分,其中经济转型是经济发展的一种特殊形式或者是特殊条件。

刘国光(1988)提出在中国体制模式转型中将转型与经济发展相互协调起来,实现

---

① 樊纲:"两种改革成本与两种改革方式",《经济研究》,1993年第1期。
② 张军:《"双轨制"经济学:中国的经济改革(1978—1992)》,上海三联书店,1997年。
③ 周振华:"中国制度创新的改革程序设定",《经济研究》,1998年第2期。
④ 张宇:《中国的转型棋式:反思与创新》,经济科学出版社,2006年,第44-46页。
⑤ 张宇:"论中国渐进式改革成功的原因",《学习与探索》,1997年第3期。
⑥ 张宇:"论中国渐进式改革成功的原因",《学习与探索》,1997年第3期。
⑦ 周冰、靳涛:"经济体制转型方式及其决定",《中国社会科学》,2005年第1期。

"双向协同"发展①。陈宗胜（2005）认为中国必须实现"双重转型"，一方面在原有的计划经济体制上，实现向社会主义市场经济体制转型；另一方面则是由原有的传统农业和现代工业并存的二元制经济结构实现向一元制经济结构的转型②。厉以宁（1996）则提出了中国转型发展观，他指出中国是一个转型中的发展中国家。所谓转型就是实现中国由传统的计划经济体制向社会主义市场经济体制的转型；所谓发展则是中国由不发达的经济状态实现向发达经济状况的过渡。实际上，转型和发展是中国经济发展中两个相互结合的任务，在转型过程中存在着发展问题，在发展过程中又存在着转型问题，两个问题错综复杂③。周振华（1999）将制度完善作为中国经济发展的解释变量，并构建了一个转型和发展交互作用的模型④。洪银兴（2006）认为中国经济转型和经济发展是相辅相成的，两者密不可分。概括起来说中国经济要在发展中实现转型，在转型中促进发展，通过经济发展为体制转型提供有效的动力条件。同时中国的经济发展也面临着转型的问题，即实现向现代化的转型，以及实现中国经济增长方式的转型⑤。吕炜（2006）以体制转轨和经济发展的两个主线为研究出发点，试图构建转型和发展融为一体的理论模型，为中国经济研究提供理论指导⑥。王玉海（2007）基于体制转型与经济增长的相互关系这一出发点，试图寻找实现中国平滑转型或发展的可能性，并探讨在这种可能性中寻找良好的动力机制⑦。刘燕（2013）认为"转型"是国家发展路径的改变，包括至少三方面的含义：其一是计划经济体制向市场经济体制的体制转变，这代表了变革的常态趋势；其二是社会结构的整体性变迁和全面性变革，包括结构转换、机制转轨、利益调整和观念转变；其三是社会发展形态的变迁，它促使转型国家由传统社会向现代社会、由农业社会向工业社会、由封闭性社会向开放性社会的变迁和发展。这三者彼此作用，相互影响，共同构建出制度演进的系统结构。因而，转型需要循序渐进，巩固递增，更加重要的是，需要不断注入社会持续变革的动力⑧。

上述理论研究者均提出了体制转型和经济发展相互协调的两条主线，但是他们同时又把转型作为经济发展的重要背景或条件。这实际上偏重于强调发展和增长，对转型的重视程度不够。

1.1.2 关于"结构模式"转型的文献综述

从全球经济发展来看，改革开放以后中国取得的成绩是值得骄傲的，这种增长的奇迹

---

① 刘国光：《中国经济体制改革的模式研究》，中国社会科学出版社，1988年。
② 陈宗胜：《双重过渡经济学》，天津教育出版社，2005年。
③ 厉以宁：《转型发展理论》，同心出版社，1996年。
④ 周振华：《体制改革与经济增长》，上海三联书店，上海人民山版社，1999年。
⑤ 洪银兴："中国经济转型和转型经济学"，《经济学动态》，2006年第7期。
⑥ 吕炜：《经济转轨理论大纲》，商务印书馆，2006年。
⑦ 王玉海：《平滑转型推进的动力机制》，社会科学文献出版社，2007年。
⑧ 刘燕："中国转型模式：一个制度经济学的分析视角"，《人文杂志》，2012年第3期。

与中国工业化发展进程有着密不可分的关系,以中国就业份额为例,1978年中国第一产业就业份额为71%,而2000年中国第一产业就业份额则下降到了50%(袁志刚,2002)[①]。林毅夫、蔡昉、李周(1998)从区域差异视角上分析中国经济发展中所存在的结构差异问题,他们指出中国地区经济差异不是一直单调递增的,也不是一直单调下降的。20世纪80年代的中前期中国地区差异有所下滑,而到了90年代以后,中国地区差异则呈现出持续上升的趋势[②]。

张建华(2011)认为中国当前的产业结构总体表现为粗放且低度化。产业结构升级的内涵是促进加工产业比重提高,通过生产迂回化使新技术部门不断产生和繁衍。促进产业结构优化升级的重点是提升中高端产业竞争力,通过政策引导促进农业产业化、制造服务业化、服务知识化,构建现代产业体系[③]。

刘世锦(2012)认为通过挤压式增长后期增速回落过程的研究,可以深化对长期讨论的经济结构调整和发展方式转变问题的理解。从"挤压式"增长过程看,产业结构中的工业高比重和投资消费结构中的投资高比重,是与宏观经济的高速增长高度相关的[④]。

范剑勇和朱国林(2014)则将地区差异与经济结构的差异结合起来进行研究,他指出中国地区差距的存在,与转型中产业的差距扩大是密不可分的。改革开放以后中国地区差距不断扩大,与之相伴的是中国第二产业的高产值份额不断增加,非农产业在分布上也呈现出区域不平衡的特点。中国东部沿海地区以轻工业生产为主,逐步形成了一个制造业中心,而中国的中西部地区则沦为农业生产的外围区域,这样中国东部地区和中西部地区形成"中心—外围"的分布态势。根据理论研究,中国经济转型不是导致地区差异存在的根本原因,但是通过结构差异的分解来看,中国地区差异与地理位置和制度差异存在密切的关系[⑤]。

1.1.3 关于"发展模式"转型的文献综述

中国经济发展过程中还广泛存在贫困、就业、生态危机等问题,还是需要继续发展和完善的。中国经济发展模式需要转型是不争的事实,对此,林毅夫、苏剑(2007)指出中国经济发展必须实现两个方面的转型,一是目标增长方式上要实现转变,二是要素价格体系方面要实现转变[⑥]。魏杰(2010)指出,"中国模式"不是一个固定不变的静态化模式,"中国模式"要随着国情的变化、社会经济发展状况的变化而变化,从大的角度来讲,"中国模式"要紧随世界经济发展而进行转型[⑦]。

[①] 袁志刚:《中国就业报告》,经济科学出版社,2002年。
[②] 林毅夫、蔡昉、李周:"中国经济转型时期的地区差距分析",《经济研究》,1998年第10期。
[③] 张建华、程文:"中国经济转型与发展模式创新",《决策探索》,2011年第3期。
[④] 刘世锦:"中国经济增长模式评估与转型选择",《改革》,2012年第1期。
[⑤] 范剑勇、朱国林:"中国地区差距演变及其结构分解",《管理世界》,2014年第7期。
[⑥] 林毅夫、苏剑:"论中国经济方式的转换",《管理世界》,2007年第11期。
[⑦] 魏杰:"中国经济发展模式的转型",《政治经济学评论》,2010年第2期。

国内的一些学者也提出了中国开放型经济模式的转型和发展的建议。张继久（2008）指出，中国开放型经济发展要实现三个方面的转变：一是实现从数量型到质量型的转变，二是实现政策性向制度性的转变，三是实现由局部开放型向全面开放型的转变[①]。宋林（2009）提出在开放型的经济发展模式中，中国必须对传统的粗放型的增长方式进行转型，对制约中国经济开放的资源短缺问题进行严格管制，发挥开放型经济模式的资源优势。陈志武（2009）指出了政府在促进中国发展模式中的重要作用，首先，在国家治理方式上，必须实现中国政府职能的转变，强化政府的宏观调控作用，对政府权责进行合理的规划和控制。另外还要加强对国有资源的改革和调控，实现资产的国有化向民用化转变[②]。

洪银兴（2003）指出，经济转型包括以现代化为目标的社会转型，以市场化为方向的体制改革，以集约化为方向的经济增长方式的转变。[③] 金乐（2009）指出，为了应对气候变化给人类生存带来的巨大挑战，建议中国经济应向低碳经济转型。徐佳宾（2008）指出，中国经济发展急需从路径依赖方面、结构转变方面、福利改善方面调整结构关系，中国经济发展方式转型已经进入了关键时期[④]。

李宏涛（2012）认为，中国继社会制度转型和经济体制转型之后，目前正面临着第三次历史性大转型，即发展模式的根本转型。以物为本的经济发展模式虽然带来了财富的增加，但引发的社会问题已成为我国进一步发展的制约。必须转向科学发展观所蕴含的以人为本的发展模式，注重技术进步和知识创新，强调经济运行的协调性和人的全面发展。通过调整经济结构，扩大消费需求和创新体制机制，实现发展模式由以物为本到以人为本的根本转型[⑤]。

吴敬琏（2015）指出，中国经济发展已进入新常态，一方面是由高速增长转向中高速甚至是中速增长；另一方面是由粗放型发展方式转向质量效益型的集约发展方式。其中前一个GDP增速下降已经是既成事实，而后一个即发展模式转变，或结构改善、效率提高，还需要经过艰苦努力才能实现。多数人把经济发展方式没有实现转型的原因归结为"存在体制性障碍"，最大的体制性障碍则是政府处于主导地位，在资源配置中起决定性的作用[⑥]。

1.2 现有研究的评价及本书研究的视角

"中国模式"的转型是在中国现代化发展的需要下产生的，这几年来国内外学者以自

[①] 张继久："促进中国开放型经济加速转型的新思路"，《党政干部论坛》，2008年第9期。
[②] 陈志武："中国经济发展模式中的'为什么'"，《国际融资》2009年第8期。
[③] 洪银兴："社会转型、体制转型与经济增长方式的转型"，《江海学刊》，2003年第5期。
[④] 徐佳宾："论中国经济发展方式的转型"，《教学与研究》，2008年第5期。
[⑤] 李宏涛："中国经济发展模式转型：从以物为本到以人为本"，《江西财经大学学报》，2012年第1期。
[⑥] 吴敬琏："中国经济体制与发展模式转型"，《新金融评论》，2015年第2期。

己独特的视角对"中国模式"的转型进行了阐释，对"中国模式"转型的实质、特点、方式方法等问题进行了一系列的探索。但是，面对"中国模式"转型的快速发展趋势，我们必须对"中国模式"前期的转型进行评价，并对"中国模式"未来的发展趋势进行展望。

现有研究文献中不足之处主要表现在：首先，对"中国模式"的含义没有作出明确的界定；其次，什么样的"转型"促进了中国经济的持续"增长"、完成"转型"与"持续增长"面临的挑战是什么、中国的转型与增长和世界上其他转型经济体的同质性与异质性表现在什么地方等一系列问题并没有给出令人满意的答案；再次，从"中国模式"转型的研究范式上看，过分注重西方学者对"中国模式"的评价，而忽视构建适合"中国模式"评价本身的学术范式；最后，在研究方法上存在缺陷，目前的研究还未有系统地采用转型经济学理论与观点分析"中国模式"在体制、结构与发展转型的特征。

因此，本书针对学术研究现状，结合中国经济发展进入新阶段的特征，进行研究的努力方向就在于：第一，以转型经济学理论为依据，结合当前世界各国尤其是中国经济发展的现状，对"中国模式"的内涵和外延进行明确的界定。第二，在主流经济学范式下构建一个系统的理论分析框架来研究"中国模式"的转型问题。第三，在对"中国模式"转型内涵清晰界定基础上构造一个"体制模式"转型、"结构模式"转型和"发展模式"转型的三维模式转型。第四，依据"中国模式"的三维模式转型进行理论阐释与实证分析。

第 2 章

"中国模式"转型的分析框架

本章试图构建"中国模式"转型的分析框架。首先从横向和纵向两个方面对"中国模式"进行界定,分析"中国模式"转型的历史变迁和特征,探索"中国模式"形成机制,最后对"中国模式"构建出"体制模式"转型、"结构模式"转型和"发展模式"转型的三维理论分析框架。

2.1 "中国模式"界定

对于"中国模式"的定义,国内外争议很大,但是国内外关于"中国模式"的界定主要是从横向和纵向两个方面进行的。

2.1.1 横向界定

余佳奇(2010)指出"中国模式"是一个综合性的概念,是一种战略或治理模式。其内容包含三个方面,即思想观念、制度模式和组织行为。其中思想观念表现出中国特色社会主义理论指导体系;在制度模式上坚持以政治、经济、文化和社会四要素所形成的"四位一体"的管理框架;在组织行为上,以中国共产党领导为核心,坚持以经济发展为中心,并追求实现社会和经济的协调发展,强调可持续发展、坚持开放"四轮驱动"行为[1]。李彬(2012)指出在中国特色社会主义理论指导下,中国经济发展经历了"实践—认识—完善"到"再实践—再认识—再完善"的发展过程,目前中国已经形成了较为完备的发展框架,包括形成了以政治、经济、文化和社会组成的"四位一体"的骨架结构,在骨架的保障下,又为该模式的发展不断注入新的血液,如解放思想、可持续发展、科学发展观、与时俱进等,"中国模式"在框架以及血液的相互融合中形成了具有中国特色的

---

[1] 余佳奇:《"中国模式"的形成、内涵和启示》,复旦大学硕士学位论文,2010年。

发展模式，并呈现出强大的生命力①。

2.1.2 纵向界定

李旭宏（2010）指出对"中国模式"的界定要分为三个阶段。20世纪80年代在国外的一些媒体上开始使用"中国模式"来描述中国在改革开放过程中所形成的经验，"中国模式"的形成主要包含三个阶段，第一个阶段为毛泽东时期思想战略指导阶段，第二个阶段是1978年改革开放以来形成的政策指导阶段，第三个阶段是当前中国社会主义理论创新阶段②。高贺（2011）认为"中国模式"是中国在走向中华民族伟大复兴过程中所形成的一种发展战略或治理模式。在全球化发展的今天，"中国模式"象征着中国在追求自由、民主、平等、富强的过程中，将中国改革的经验与中国国情和时代特征相结合，逐步积累起来的一种适合中国实践的发展经验③。江君（2011）认为"中国模式"主要指改革开放以后，中国经济社会发展的经验或模式，他指出"中国模式"并不是与生俱来的，而是在后期中国经济发展的道路上，探索出来的与中国实践相结合的战略模式，"中国模式"的形成经历了三个主要阶段，一是新中国成立以后到改革开放之前的毛泽东战略探索时期；二是改革开放以后到十六届三中全会的初步形成时期；三是十六届三中全会科学发展观提出之后的"中国模式"不断创新的内涵发展阶段④。

因此，李旭宏（2010）总结得出"中国模式"是基于中国30多年改革开放发展经验的一种社会发展模式，从横向来看，它与西方资本主义发展模式不同；从纵向来看，它与社会主义的传统发展模式也存在很大的差异。"中国模式"具有全新的发展条件、发展理念，经历了全新的发展历程，形成了全新的发展结果，它不属于历史上任何一个阶段的哪种模式，"中国模式"属于创新型的发展模式⑤。

2.1.3 本书对"中国模式"的界定

总结文献综述观点，以及国内外对"中国模式"的纵向定义和横向定义，本书认为我们所研究的"中国模式"具有至少以下两点内涵：

第一，"中国模式"是一个特殊称谓，它是指中国改革开放以后所形成的基本经验和发展道路的借鉴，是国内外学者站在全球化视野的角度上看到中国特色社会主义发展道路的经验产物。因此，本书所研究的"中国模式"是指改革开放以后的经济"发展模式"。在改革开放以后，中国社会主义发展取得了辉煌的发展成就，最为主要的是，面对发展道路中各种羁绊和困难，能够打破障碍，解决改革中的各种矛盾和问题，通过战略创新、制

---

① 李彬：《"中国模式"的形成、内涵及完善研究》，山东财经大学硕士学位论文，2012年。
② 李旭宏：《中国模式的内涵和意义研究》，山西大学硕士学位论文，2010年。
③ 高贺：《"中国模式"的内生性与可持续性研究》，外交学院硕士学位论文，2011年。
④ 江君：《"中国模式"研究》，南京师范大学高校教师硕士学位论文，2011年。
⑤ 李旭宏：《中国模式的内涵和意义研究》，山西大学硕士学位论文，2010年。

度创新等手段，保障改革的成效，而没有发生剧烈的政治社会震荡。尤其值得提出的是，中国发展道路中确立了发展为根本的思想路线，坚持与时俱进，强调改革是发展的根本，创建创新型社会和学习型社会的模式发展目标，可见"中国模式"发展经验是不懈地追求发展，而不是一成不变，这恰恰验证了"中国模式"是一个不断开拓创新、辩证发展的过程。"中国模式"的理论基础在不断创新和发展，"中国模式"的实践也在创新和发展，之所以将"中国模式"特指中国，是因为这种模式是中国特有的，中国在社会主义发展道路上没有全盘照抄西方、苏联，而是结合中国国情，走出一条中国特色的社会主义发展道路。本书研究中，将"中国模式"定义为改革开放以后，是因为改革开放以前中国社会主义发展道路还未成型，经验和实践均存在很大不足，还没有明白什么是社会主义，怎么建设社会主义，因此，将改革开放以后的社会主义经济发展道路的经验和成功模式定义为"中国模式"，是符合中国现实实践的。

第二，"中国模式"特指改革开放以后中国特色社会主义道路和发展经验，但是"中国模式"并不是一成不变的，也不是凭空诞生的，而是一个历史的逻辑发展过程。近代中国资本发展缓慢，民族面临灭亡的巨大灾难，"中国模式"的产生正是中国人民争取民族独立和国家富强而努力奋斗的结果。清朝末年，中国政治体制、文化体制等固定保守，以隋唐以来的科举制度为例，就存在了1300多年，2000多年的封建专政已经不适应当时中国发展实践，中国面临全面危机和重组的历史关头。因此，中国的发展是实现"被迫现代化"的过程，是伟大的中国人民自强不息，努力探索新"发展模式"的历史过程。

因此，本书在探讨"中国模式"时，主要是看到了"中国模式"产生与中华民族传统之间难以割舍的关系，在分析中国"体制模式""结构模式"和"发展模式"时，更要分析模式产生的历史过程中所形成的价值观，以及历史传承中的优秀因素。本书探索"中国模式"不仅仅是站在世界的视角上，更是站立在历史的视角上进行分析。关注"中国模式"传承的逻辑联系性和本土"内生性"，例如分析中国改革开放以来本土内生的农村产权问题、城乡二元结构问题、贫富差距问题、区域结构失衡等，都应该在中国发展的历史车轮中探索痕迹。实际上，"中国模式"的发展与西方文明、中国优秀传统等都是密不可分的，是继承和整合的过程。

鉴于对"中国模式"上述两个内涵的界定，本书分析时多方面把握"中国模式"产生的历史语境，并结合中国现实发展语境，研究"中国模式"产生的过程、价值诉求以及核心逻辑。剖析"中国模式"的同质性和异质性，构建"中国模式"转型框架，并进行"中国模式"转型绩效的综合评价，最后从纵向历史和横向结构等双向视角，提出"中国模式"转型是一个长期发展的过程。"中国模式"转型创新路径必须从以下三个方面开始：构建"中国模式"转型的体制创新支持、构建"中国模式"转型的结构创新支持、构建"中国模式"转型的发展战略创新支持。后文的研究与本节对"中国模式"的内涵的界定是不可分割的。

2.2 "中国模式"的历史变迁和特征

本书研究的"中国模式"是指改革开放以后经济发展的"中国模式",但是由于制度变迁是一个历史过程,因此下面有必要对"中国模式"的形成过程进行历史全方位的分析,将"中国模式"形成的前期理论进行综合评述。

2.2.1 "中国模式"的历史变迁

"中国模式"转型的过程正是"中国模式"的前期探索、初步形成和动态发展的过程,下面将要论述"中国模式"转型的历史变迁,实际上兼谈"中国模式"形成的历史过程,主要分为以下四个阶段:

1. 前期探索(1949—1978年)。

"中国模式"转型的前期探索阶段是指1949—1978年,以毛泽东为首的党的领导集体对中国发展路径的探索。

对历史考究发现,结合中国国情走中国社会主义道路的实践,最早是从毛泽东领导的社会主义建设开始的。新中国成立以后,由于刚刚经历战乱,中国当时是一个贫穷落后的国家,在如此的国情下,如何发展中国经济,改变落后贫穷的现状,走中国社会主义道路成为摆在毛泽东等新中国第一代领导人面前的重要难题,当时"中国模式"还没有完备的理论基础。受到苏联经济成功的影响以及苏联国际政治地位的影响,中国开始借鉴苏联模式,从而实现了三年经济恢复和第一个"五年计划",然而完全照搬苏联模式也给中国社会主义建设带来很多负面影响。例如,农业服务与工业发展的战略决策造成中国农业发展缓慢,重工业的快速发展与轻工业和农业的缓慢发展,产业结构的失衡问题十分严重;过分重视生产资料生产从而忽视了生活资料生产,生产和生活结构出现失衡;过分追求经济增长速度,忽视经济效益,粗放式的经济增长方式给中国能源和环境带来了极大的破坏,中国经济发展也受到此种增长方式的负面影响。极大的负面影响引起了毛泽东等新中国新一代领导人的高度重视,他们开始思索苏联模式存在的问题,同时探索适合中国国情的发展道路。特别是经过苏共二十大,苏联开始批判斯大林领导中的严重错误以及个人主义崇拜。至此毛泽东等新中国新一代领导人开始认真反思中国道路的发展问题。

面对国际和国内形势的变化,1955年底,毛泽东提出"以苏联为鉴"的发展思想,明确指出中国社会主义道路建设过程中,不能有教条主义,不能照抄照搬苏联模式。1956年毛泽东发表《论十大关系》,其中明确指出中国社会主义道路应该是马克思主义基本理论与中国实践相互结合,中国社会主义建设理论是马克思主义基本原理与中国实践相互结合的理论,不能照抄照搬苏联模式。同时在《论十大关系》中,毛泽东明确了社会主义道路发展中的十大关系，这十大关系全部覆盖了政治、经济、社会文化等各个方面。毛泽东《论十大关系》的发表一定程度上标志着中国新一代领导人开始积极探索"中国模式"的发展道路，是"中国模式"探索的开端。随着中国发展道路的探索，这一时期中国探索了一条独特的社会主义道路，在经济上形成了中央集权的财政管理体制，实施计划经济管理体制，建设社会主义公有制经济；在政治上实行人民代表大会制度，以及中国共产党领导的多党合作和政治协商制度；在民族管理上采用了民族区域自治制度；在文化上面坚持以马克思主义理论为指导，实行"百花齐放，百家争鸣"管理方针。

2. 初步形成（1978—2003年）。

"中国模式"的初步形成时期是指1978—2003年，即以邓小平同志为核心的党的新一代领导集体对中国发展道路的探索时期。本书研究的"中国模式"正是从这一时期开始的。

经历十年"文化大革命"以后，中国政治经济文化一片颓废，党的新一代领导人邓小平同志曾经指出，在经济上，中国经济处于缓慢发展或停滞不前的状态。在政治上，局势一片混乱。国家环境中，科技发展迅速，新科技革命正席卷各国，中国错失了新科技革命所带来的一些机遇，经济和科技实力水平与国际相比还存在很大的差距。邓小平指出，在当时的环境下，如果中国再不进行改革，中国社会主义建设事业就会被葬送。因此，邓小平明确指出必须进行改革开放，确立"实践是检验真理的唯一标准"，"解放思想、实事求是"，集中力量进行经济建设，"中国模式"正式进入开创时期。

进一步来看，"中国模式"的创立作为一种制度变迁也是一个不断发展的过程，主要经历了三个阶段：

第一个阶段是1978年12月到1984年10月，即改革启动和局部实验阶段。该阶段的主要特征是渐进式改革，该改革方式与苏联"休克疗法"是完全不同的。该阶段改革的起点是中国的农村，建立了家庭联产承包责任制度。改革启动和局部实验阶段主要以三个转变为主要特征，第一是实现了由封闭、半封闭向开放的转变，第二是实现了以阶级斗争为纲向以经济建设为中心的转变，第三是实现了从墨守成规到大胆改革创新的转变。

第二个阶段是1984年10月到1992年1月，即以城市为中心的全面改革时期。1984年10月，十二届三中全会通过《中共中央关于经济体制改革的决定》，中国开始进入全面改革时期，以城市为中心的改革主要是从商品经济的探索开始的，决定确立了中国由计划经济向商品经济的过渡。尽管这一时期中国发展经历了政治风波和经济波动，但是都得到了有效的化解，这说明中国社会主义道路是符合中国实践的。在这一时期，以邓小平同志为核心的党的新一代领导集体完成了"什么是社会主义、怎么建设社会主义"的探索，中国建立了特色社会主义发展道路，"中国模式"有了明确的发展方向。

第三个阶段是1992年1月到2003年10月，即以建设中国社会主义市场经济为核心的综合改革阶段。该阶段中国社会主义道路取得了重大的理论发展和良好的实践经验。这一时期标志着"中国模式"的初步形成。20世纪80年代末期到90年代的初期，共产主义国际运动走向低潮，西方国家对中国虎视眈眈，中国在发展中面临西方国家多方面的压力。尽管中国国内经济发展取得了良好的发展势头，经济发展迅速，发展成果显著，但是面对国际和国内的双重压力，中国的改革面临的困难是十分巨大的。在重新思考中国发展道路问题的基础上，结合中国国情，我们党提出了"三个代表"重要思想。发展是党执政兴国的第一要务，中国特色社会主义道路发展中，要以经济建设为中心，用发展的眼光看问题，用发展解决前进道路中的一切问题。改革开放，继续完善社会主义市场经济体制；正确处理好改革、发展和稳定的关系；建立独立自主的外交政策，促进世界和平与发展；坚持政治文明和精神文明一起抓等。"三个代表"思想实际上是丰富了"中国模式"的具体内容，完善了"中国模式"的内涵。

3. 动态发展（2003—2011 年）。

"中国模式"的动态发展阶段是指 2003—2011 年，即中国发展提出科学发展观。在党的几代领导人的共同努力下，中国经济取得了突出猛进的辉煌成绩，但是纵观中国社会主义道路发展的方方面面，在经济取得成就的同时，于政治、社会文化、能源环境等方面产生了各种矛盾。在此背景下，要深入分析国际国内发展形势，总结中国社会主义道路发展经验，结合中国国情，构建符合中国实践的科学发展理论，从而丰富"中国模式"的内涵，促进"中国模式"的不断完善。

科学发展观思想反映了中国特色社会主义道路前进过程中，"中国模式"发展理念更加成熟，"中国模式"转型理论更加巩固，社会主义发展道路和发展方式进一步得到优化。科学发展观坚持以人为本，实现全面、协调和可持续的发展思想，这既是对前期中国社会主义发展道路经验的总结，又是对未来"中国模式"转型理论的深化；科学发展观指出要建立"四位一体"总体布局，全面促进中国政治、经济、社会文化建设的不断发展和完善；科学发展观还要求正确认识和处理中国特色社会主义建设中各种关系。科学发展观理论则意味着未来中国特色社会主义道路建设不仅仅局限在经济领域的建设，而是要覆盖更广的范围，包含政治、文化、社会等全方位的建设和改革。因此，科学发展观思想打破了很多人要求将"中国模式"仅仅局限在经济领域的限定，回答了中国特色社会主义建设道路中，"什么是发展，怎么发展，为什么发展，发展为了谁，依靠谁进行发展、发展成果有谁共享"的问题，科学发展观的提出标志着我们党对发展有了高度统一的重视，丰富了"中国模式"内涵。

4. 新常态下的转型发展时期（2012 年党的十八大召开以来）。

2012 年和 2013 年中共十八大和十八届三中全会分别召开，提出了"必须以更大的政治勇气和智慧，不失时机地深化重要领域的改革"。在政治改革方面"要加快推进社会主义民主政治的制度化"，"实现国家各项工作的法治化"。在经济体制改革方面，"核心问题是处理好政府和市场的关系，使市场在资源配置中起决定性作用和更好地发挥政府的作用"。为了达到这个目的，就必须"大幅度减少政府对资源的直接配置，推动资源配置，依据市场规则、市场价格、市场竞争，实现效益最大化和效率最优化"。"建设统一开放、竞争有序的市场体系，是使市场在资源配置中起决定性作用的基础"，必须按照上述要求加快形成"企业自主经营、公平竞争，消费者自由选择、自主消费，商品要素自由流动、平等交换的现代市场体系"。

2.2.2 "中国模式"的特征

1. 关于"中国模式"的特征，国内外的学者进行了如下的总结：

海贝勒认为"中国模式"有七个特征：一是坚持中国共产党为领导核心的制度得以深化，中国共产党进入"适应阶段"；二是中国当前是一个处于发展中的国家；三是实行分权和分散的权威主义体制；四是具备明显的政治实用性主义的特征；五是中央领导层和政权拥有合法性与信任；六是民族主义或爱国主义具有越来越多的对内职能；七是中国正在迈向自治、法治和参与程度更高的开放社会①。

安德烈阿尼指出"中国模式"主要表现为以下六个方面特征：一是国有部门在中国经济发展中占据十分重要的地位；二是中国股份制企业和混合所有制企业仍然受到国家的严格监管；三是农村的存在是社会主义的重要特征；四是当前中国的经济属于负债经济；五是高度集中的计划经济体制对当前仍具有较深的影响；六是社会主义市场建设中的基础公用事业依然不完善②。

雷默提出了"中国模式"的三定理，一是不断利用技术创新减少改革所带来的摩擦损失；二是发展模式以可持续性和平等性为主要发展目标；三是坚持民主、自强，强调市场经济的杠杆作用③。

俞可平也指出了"中国模式"三个方面的主要特色，一是不断处理好改革、发展和稳定之间的关系。二是坚持市场经济改革，发挥市场对经济的指导作用，同时将政府的宏观调控置于辅助的地位。第三是增量改革与政治改革同步进行，坚持渐进式的发展模式，并强调在特殊情况下实行新制度的突破发展④。

柴淑芹指出"中国模式"的四个特征，主要表现如下：一是在改革的方向上十分坚定；二是不断探索多元化的发展路径；三是实现理论和体制的双向创新；四是在改革过程中实行渐进式的模式⑤。

张维为指出"中国模式"具有六个方面的特色。一是逐步探索稳定、改革和发展之间的平衡点。二是制定切合实际的政策指导方针，坚持以消除贫困为目标，并取得了非常显著的成效。三是坚持实事求是，大胆创新。四是实行中国特色的渐进式改革。五是改革过程中实行了先易后难、从农村到城市、先沿海后内地、从经济到政治的改革方案。六是有

---

① [德] 托马斯·海贝勒：《中国是否可视为一种发展模式——七个假设》，载于俞可平、黄平等《中国模式与"北京共识"——超越"华盛顿共识"》，社会科学文献出版社，2006年。
② [法] 托尼·安德烈阿尼：《中国融入世界市场是否意味着'中国模式'的必然终结?》，《国外理论动态》，2008年第5期。
③ [美] 舒亚·库珀·雷默等：《中国形象：外国者眼中的中国》，社会科学文献出版社，2006年，第294—295页。
④ 俞可平："'中国模式'：经验与鉴戒"，载于俞可平、黄平等《中国模式与"北京共识"——超越"华盛顿共识"》，社会科学文献出版社，2006年。
⑤ 柴淑芹：《当代中国发展模式的内涵与特征》，河北师范大学，2007年。

选择性地借鉴国外的经验，避免盲目①。

也有的学者提出"中国模式"与中国特色社会主义理论体系是连为一体的，两者之间具备相同的实践基础，只是理论构建的角度存在差异。中国特色的社会主义经验构成了"中国模式"的主要内容。中国特色的社会主义经验强调社会的发展，而"中国模式"更加强调政治取向②③④。

根据国内外关于"中国模式"内涵以及"中国模式"特征等相关文献的梳理可见，国内外关于"中国模式"的研究理论十分丰富，在经验和特征方面的研究更加深入，但是也存在很多不足，主要表现如下：第一，在"中国模式"内涵的界定方面存在争议。学者们之间的观念差异性较大；第二，对"中国模式"的研究没有与马克思主义理论相联系，更缺乏与中国国情和社会发展实践的结合，使得"中国模式"的理论研究指导意义不强；第三，在研究过程中，大多数理论研究缺乏比较方法的应用，在纵向比较和横向比较方面出现较大的缺失；第四，将"中国模式"特性的研究更多归于个性的研究，而在共性研究方面存在很大的不足，对以中国为代表的社会主义国家发展模式的贡献研究缺失。

2. 综合学术界的观点，总结"中国模式"形成过程的特点，本书认为"中国模式"的特征有：

第一，内生性转型。"中国模式"的转型是"内生式"的转型，社会主义基本制度和市场经济相结合，在于它是内生的而不是外加的，中国的经济改革是在走自己的路，没有照搬任何别的"模式"，因而它具有强大的生命力。主要体现在以下三个方面，一是自主性。"中国模式"的转型是在基本政治制度不变的条件下自主展开的经济体制改革，在改革过程中有充分的自主选择权，不受任何"模式"的限制，也不受任何理论的约束；二是独特性。"中国模式"的转型是从世界主流发展模式中汲取了经验和教训，并在中国特有的经济体制条件下进行实践，使其与世界上已有的经济模式截然不同；三是必然性。以往传统的计划经济体制已经严重制约了经济的发展，这时必须从中国国情的实际出发，引入有利于经济发展的新的市场经济体制，将社会主义基本制度与市场机制相结合的中国经济体制成为中国经济转型的必然选择。

第二，持续性转型。制度创新是"中国模式"转型的核心内容。从横向上看，制度创新是引导"中国模式"发展与完善的主动力；从纵向上看，"中国模式"的创新是持续不断的。在制度创新的过程中，一项制度能够促进经济的快速发展，其关键条件是实现边际收益的最大化以及边际成本的最小化，中国经济发展中的制度创新则是在制度的完善过程中，一方面最大可能地考虑到人们的可接受程度；而另一方面，实现边际效益的最大化，则是尽可能让制度变迁适应社会生产力的发展，一旦边际效应开始出现递减，则需继续对制度进行深化。

---

① 张维为：《关于中国发展模式的思考》，《学习时报》，2008 年 1 月 21 日。
② 卢衍昌：《中国模式：概念、历史及理念》，《甘肃理论学刊》，2005 年第 7 期。
③ 沈宗武：《斯大林模式的现代反思》，云南人民出版社，2004 年，第 2-3 页。
④ 云高等：《简明科学社会主义词典》，吉林大学出版社，1985 年，第 191 页。

第三，渐进性转型。所谓渐进性的中国经济转型方式是在不改变原有旧制度的框架下，进行对传统计划经济体制的改革和调整，从而形成新的体制因素，来逐步实现体制的过渡和转变，中国渐进式经济转型的核心是发挥市场机制在资源配置中的重要作用。渐进式的经济转型强调转型过程应当是部分推进并且分阶段进行，速度上不认为越快越好，而是强调经济转型的先后顺序，在范围上主张可以部分地区先试点，然后再推广到其他地区。它的特征主要表现在以下三个方面：一是事先没有规划好的蓝图，以政府为主导，进行目标的逐步修正。中国经济转型没有可以借鉴的模式，在政府的指导下"摸着石头过河"，坚持自上而下的实验推广以及地方自下而上的制度创新，从而推动着改革开放的发展；二是坚持从体制外改革向体制内改革转变的模式。渐进式的中国改革模式不改变传统的计划经济体制，是从计划经济体制的外围开始，构建一套新体制，随着新体制的壮大，逐步替代传统的计划经济体制，从而实现了新经济体制和传统计划经济体制的并存和逐步替代。中国采取了"双轨制"的办法，成功实现了计划与市场的并存；三是实现了增量到存量的转变，渐进式的经济体制改革坚持从存量开始，随着增量比重的不断增加，传统计划经济体制存量不断缩减，一步步从存量到增量实现体制的转型。

综上所述，内生性转型揭示了中国经济体制改革的基本动力，持续性转型揭示了中国经济体制改革的基本方式，渐进性转型揭示了中国经济体制改革的基本策略。这三者共同构成了"中国模式"转型的基本特征。

2.3 "中国模式"转型的三维分析框架

从当前来看，我国的一个基本普遍规律是围绕着经济基础和上层建筑、生产力和生产关系而展开的。总体来说，如果要形成一个比较系统性的中国经济学体系，就必须要包含四个主要的部分。第一个部分是基础性逻辑的，主要表现在从抽象角度来反映生产力与生产关系的辩证运动，以及从更高角度上去包含基本的经济制度、经济体制以及经济发展的方式。第二个部分是宏观层次的，主要包括经济上的生产环节、分配环节，交换环节以及消费环节等，这些都是宏观经济调控机制的基本部分。第三个部分是微观层次的，主要包括微观经济组织调控机制和组织运行等方面。第四个部分是现象层次和具体层面的，主要包括我国经济发展的模式、战略、目标、道路、动力等。与之相对应的是，每个部分决定了一定的内容。比如，第一个部分的基础性逻辑层次就在很大程度上决定了我国经济发展模式和经济学的基本性质和本质，第二、三、四部分的宏观层次、微观层次、现象层次和具体层面反映了生产关系和生产力的辩证运动，这与经济发展模式、体制、制度、方式是有很多关联的。所以，中国的经济发展模式是在第四层次的反映，其核心部分包含体制模式、结构模式和发展模式三个方面。

从理论界已有的研究来看，对"中国模式"的研究要么研究体制模式，要么研究发展模式。由于"中国模式"涉及各方面的内容，包括社会模式、政治模式、现代化模式、经济模式等各个层面，本书则主要研究其经济模式，经济模式也包含各个方面，而本书认为经济模式最核心的部分包含体制模式、结构模式和发展模式，并在此基础上，从综合角度构建体制模式、结构模式和发展模式的三维理论分析框架，综合全面地研究"中国模式"。

2.3.1 "体制模式"转型

"体制模式"转型被看作是制度创新的主体，即可以定义为国家行政部分进行制度创新（制度变迁）。

中国"体制模式"转型指的是从中国传统的计划经济体制开始向社会主义市场经济体制的过渡和转型，是社会主义基本经济制度与市场经济相结合的"发展模式"。其内容主要包含四个方面：一是在所有制结构上，实现了以公有制为基础，多种所有制经济共存的所有制经济结构；二是在分配关系上，坚持以按劳分配为主体，多种分配方式并存的分配模式；三是从资源配置上看，改变了传统政府主导的模式，形成了以市场机制为主导调节，政府辅助调节的双重模式；四是从对外政策上，坚持自力更生，对外开放①。

本书在构建"中国模式"转型中，集中表现为中国从计划经济体制到社会主义市场经济体制变迁中的制度积累效应。"体制模式"转型绩效的内容首先表现为市场扩大化程度，即为中国非公有制度融入市场的规划；其次表现为政府控制理性化，即国家宏观调控向理想方面转化，在市场领域发挥市场的资源配置作用，减少和防止政府过度干预；最后表现为商品价格自由化，即发挥价格在市场中的杠杆作用，减少价格管制。

2.3.2 "结构模式"转型

"结构模式"转型主要是针对中国新常态背景下"结构失衡"而进行的经济结构调整，中国"结构模式"转型可定义为中国经济结构调整过程。经济结构调整是"中国模式"转型的关键，决定"中国模式"转变的成败。中国经济发展过程中，"结构失衡"问题是十分普遍的现状，其处理的成效也是政府考虑的核心，应改善生产关系中不适合中国生产力发展的落后因素，从而促进中国的经济发展。

中国"结构模式"框架包含三个主要部分：二元结构转化、产业结构优化、城市发展结构。这三个结构也是"中国模式"转型中最为主要的核心部分。因此，本书在描述中国"结构模式"转型框架时主要采用三个指标：二元结构转化、产业结构优化、城市发展。

2.3.3 "发展模式"转型

中国"发展模式"转型的核心是发展方式的转型，反映了从数量增长向质量增长的转

---

① 高贺：《"中国模式"的内生性与可持续性研究》，外交学院硕士学位论文，2011年。

型，从要素投入驱动型发展方式到创新驱动型发展方式的转变。我国需要尽快改变对资源投入式发展的依赖性，引进培养高层次人才，充分鼓励科技发展与自主创新，坚持可持续发展，经济发展方式也应当完成从粗放式发展方式到集约型发展方式的转型。

中国"发展模式"转型包括：形成消费主导格局，与投资或出口主导型发展模式相比，消费主导模式更具有可持续性，可以通过市场自发的发展完善或通过市场机制和政府引导相结合实现这一转变；加速城市化，政府应加快城乡结构调整，加速城镇化进程，进一步推进农民工城市化；要保持经济的较快增长，必须加强人力资本的积累，大力提升自主创新能力，增强以提高人力资本质量和科学技术发展为基础的竞争优势，实现可持续发展；政府应完善"碳交易"的体制机制建设，推进资源价格形成机制改革，发展低碳经济，加快低碳产业链条的形成；加快产业结构升级，大力扶持新能源、节能环保、"互联网+"、物联网等新兴产业，提高中高端产业的竞争力，加快淘汰落后产能，构建现代产业体系；在分配制度的改革中，应规范初次分配秩序，提高劳动报酬在其中的比重，扩大中产阶级比重，增加居民财产性收入，同时通过建立完善最低工资制度来保障低端劳动者收入，建立完善社会保障体系建设；提高公共服务质量，满足人民群众对教育、住房、就业、社会保障、医疗卫生等方面公共服务的需求，实现共享式发展与包容性增长。

因此，在中国"发展模式"转型衡量时，要素使用集约化程度越高，中国"发展模式"转型绩效越大；福利改善程度越高，中国"发展模式"转型绩效越大；人口质量提高越快，中国"发展模式"转型绩效越大。

2.4 三维模式转型的关系

"体制模式""结构模式"和"发展模式"组成的三维模式之间是相互影响和相互联系的关系。

第一，"发展模式"转型的关键是"体制模式"转型。中国"发展模式"转型过程中存在着较大的"体制模式"障碍，中国经济发展存在的一个重要问题是当前政府的权力过大。在市场管理中，政府利用权力去支配社会资源，以实现 GDP 快速增长，但不能保证增长的质量，实现中国"发展模式"转型必须转变"体制模式"。另外，当前我国的就业环境和创业环境均不是很好，市场中存在的体制性障碍要求市场主体必须在自由的环境中进行创新和就业。"体制模式"转型的核心是完善社会主义市场经济，作为创新主体的企业就必须要求政府转变职能，从而为其提供一个良好的市场环境。

第二，"发展模式"转型的核心是实现创新驱动。在我国经济转型的过程中，体制的改革和经济的增长应该不是对立的关系，而是一种相互促进的关系，或者相互联动的关系。这个互动就需要我国在不断推进经济增长的同时推动并完善中国经济体制的转型。反过来，我国经济体制的转型和完善又能促进我国经济的大幅度提升，并加快实现社会经济的增长目标。这样，在经济转型中，体制的改革和经济的增长就得到了很好的融合。明显的是，经济体制的转型是很有必要的，同时体制改革也具有法律上的认同，并且是合法的，所以，经济体制的改革必定能促进经济增强发展的活力。那么，如何实现经济体制的改革和转型呢？要想有效地实现改革，我国可以通过阶段性转换的转型方式来更好地解决一系列存在的问题，比如经济体制的层次性安排问题、局部改革还是全面改革等双重难题，只有这样，才可以使中国经济转型的双重问题实现"协调"的转型。

第三，"发展模式"创新必须解决"结构模式"创新。中国经济的结构问题也是影响"发展模式"转型的一个重要因素。当前，实现中国经济的升级和更新就必须改变传统过度固定资产投资的方式。我国过去将大量的资金重点投资在高能耗的房地产项目上，造成我国高科技创新型产业发展步伐滞后，使得我国在全球化的产业链条中处于不利地位。中国粗放型的经济增长方式仍存在较大的改进发展空间，当前我国经济以高能耗产业为主，资金投入在低端产业中极大制约了中国经济发展的步伐，造成中国经济结构性失衡的两大关键因素是实体经济和金融业的结构问题，最大特征是金融体系管理、汇率改革和房地产投资过热。

我国的经济要发展就必须首先关注经济结构是否需要调整。一般而言，经济结构的调整主要包括两大部分，一部分是工业化，另一部分是城市化。在改革开放以前，由于工业的落后，我国就开始实施以工业为导向，最终导致的一个结果是工业化和农业现代化、城市化无法得到协调的发展，最终对我国的长期可持续经济发展带来了负面的影响。所以，要实现经济的全面发展，我国就必须注重工业化和农业现代化、城市化的协调发展。从当前情况来看，中国能否转型成功，很大程度上取决于人口的城镇化，但是存在的问题还是很多的。比如，在城镇化发展过程中，我国存在浪费土地资源、产品供应不上等问题，这严重阻碍了城镇化发展的脚步。所以，为了推进城镇化的快速进行，我国就必须努力去实现工业化、农业化、信息化和城市化的同步协调发展。此外，城镇化的发展需要城市和乡村融合在一起，而不是相互对立。在过去，由于城乡之间的二元经济结构没有变化，导致城市和乡村之间的差距越来越大，因此，为了实现城乡融合，我国必须要加快消除城乡二元经济结构及其所带来的负面影响。

第3章

"中国模式"转型绩效及评价

"中国模式"转型中，中国基本国情的特殊性决定了相比于苏联和东欧，"中国模式"转型更加具有复杂性，根据中国历史发展现实，1979年中国经济体制转化之前，中国是一个农业基础大国，其中农业人口在全国总人口中占据80%的水平。而苏联和东欧的情况与中国正好相反，在模式转型之前其都已经基本完成了现代化和工业化，在全国总人口中，农业人口比重仅为14%。因此，"中国模式"转型不仅仅是实现"体制模式"转型，更是在"体制模式"转型中，完成工业化和现代化以及社会进步和发展方式的转型。同时"中国模式"的转型，更是实现在对外开放过程中，参与国际竞争和分工，利用全球化机遇，实现"中国模式"的全方位转型。本章将从中国体制转型绩效、结构转型绩效和发展方式转型绩效三个方面对"中国模式"转型绩效进行综合评价。鉴于评价定量性指标的获取，本章"中国模式"转型绩效的评价体系的构建侧重于经济学的视角。

3.1 "中国模式"转型绩效内涵

"中国模式"转型绩效从最终结果来看，主要表现为经济的全面发展，经济全面发展的核心本质是指实现经济、社会等各领域的帕累托改进。"中国模式"转型中朝着帕累托效率改进的方向前进，这就意味着"中国模式"转型效益与经济绩效是呈现正相关关系的。

但是"中国模式"转型绩效表现为"收益"为主的特征，这就要求该特征在一定的时间点上呈现一致性规律要求。由于"中国模式"转型是一个复杂、动态和非均衡的过程，因此，"中国模式"需要进一步经历实践的考验。我们在构建"中国模式"转型绩效的描述性指标时，选取能长期促进中国经济水平、社会稳定发展、收益长期稳定增长的制度安排，这才是"有效率"的制度安排，该类制度安排在中国经济社会发展中表现为长期的绩效水平，成为"中国模式"转型绩效的内容。

因此，本书对"中国模式"转型绩效内涵进行界定，它是指中国制度变迁中（本章指计划经济体制向社会主义市场经济体制转化中），模式经济体内部静态效益和动态效益提高部分的收入和效率改进。根据对"中国模式"转型绩效的内涵界定，可以得出以下两个基本内涵：

第一，"中国模式"转型绩效与"中国模式"转型过程是相互联系、相辅相成的。"中国模式"的转型表现为非均衡特征，因为模式转型过程中所产生的转型绩效会随着转型阶段的变化而发生变化，只有那些在模式转型中长期实现效率改进和收益增强的部分才可以纳入模式转型绩效体系中。

第二，"中国模式"转型绩效来源于"有效率"的制度安排的帕累托改进，制度安排可以有效影响"中国模式"转型绩效与转型绩效的一致性，因此促进"中国模式"转型绩效，实现模式转型绩效，可以通过适当的国家宏观调控力量来实现。

3.2 "中国模式"转型绩效评价体系的构建

3.2.1 评价原则

为了探索"中国模式"转型绩效的影响因素，提高"中国模式"转型绩效效率，合理配置城市土地资源，本节的"中国模式"转型绩效评价体系的构建从体制转型绩效、结构转型绩效和发展方式转型绩效三个方面分析入手，构建一套科学的指标体系，建立多目标决策分析模型，以综合指数定量反映出"中国模式"转型绩效状态。评价过程主要遵循以下原则：

1. 科学性原则。

"中国模式"是一个涉及多方面的概念，而且各个方面的重要性有所差别，为了能够准确衡量"中国模式"的转型绩效，必须遵守科学性原则。本书从转型经济学、发展经济学、制度经济学以及政治经济学等相关理论中提取能够支持本题目观点的理论依据，对相关理论进行深入分析，并结合"中国模式"转型的实际，选择合适的数量指标对"中国模式"转型的绩效进行评价，保证所选指标内涵明确，能尽量科学地、全面地反映"中国模式"转型绩效程度及未来变化趋势。

2. 主导性原则。

主导性原则指的是在研究过程中根据研究目标，确定研究对象的重要性，从而在全面研究的基础上确定重点研究内容。在本书研究"中国模式"转型绩效评价过程中，因为影响"中国模式"转型绩效的因素很多，但作用功能各异，而且各指标在衡量"中国模式"转型绩效的过程中重要性有所差别。因此指标的选择要针对"中国模式"转型绩效状况，将对"中国模式"转型绩效起主要性作用的主导因素作为必选指标。

3. 数据一致性原则。

数据一致性原则是定量研究中普遍遵守的原则，如果不能保证统计口径的一致性，定量分析就无法开展。本书"中国模式"转型绩效评价研究过程中，因为评价的内容涉及的社会面广泛，因此会存在统计指标的口径差异，各个指标数据在单位、统计标准，尤其横向纵向维度上存在不一致，因此在进行定量分析过程中必须严格遵守数据一致性原则，确保采用的全部数据必须来自同一口径，从而使数据之间具有可比性。

4. 简洁、可靠性原则。

定量分析是本书的重要研究方法，定量数据统计过程中，确保数据的质量是研究成果可靠性的基础。"中国模式"转型绩效评价考察的内容是多方面的，所涉及的数据量也是非常巨大的。因此在指标的选取过程中要尽量做到简洁和可靠性的原则，在确保数据来源可靠性的前提下，选择简洁明了的数据进行研究，从而保证统计结果的准确性和可靠性。

5. 可操作性原则。

"中国模式"转型绩效评价是很难精确定义的研究问题，因此定性分析与定量分析结合是研究"中国模式"转型绩效评价的重要方法，确保研究方法的可操作性是研究顺利进行的基础。因此在研究过程中，研究方法和所选用的指标要简单明确，尽可能向现有统计指标靠拢，易于收集。原则上采用各种统计年鉴，同时参考相关部门已有的各种统计报表资料，评价方法简单可行。

6. 可比性原则。

可比性原则要求在研究过程中研究方法、指标选择等方面具有可比较性。"中国模式"转型绩效评价需要全面综合考量我国各地区经济发展过程，但我国各地区因经济发展阶段、经济发展水平、区域环境等存在较大差异，因此研究过程中所选取的评价方法和指标要适用于不同区域之间的评价，最大限度地减少主观因素所造成的误差，增加相关评价结论的可信度。

7. 目的性原则。

研究方法为研究目的服务是研究过程基本准则，选择合适的研究方法能够有效保证研究目标的实现。在"中国模式"转型绩效评价的过程中，评价方法与所选指标必须与提高"中国模式"转型绩效的目的相一致，充分反映"中国模式"转型绩效的内涵，这样才能保证本书的研究结果能够比较真实的反映实际情况，使得本研究对现实具有科学的指导意义。

8. 引导性原则。

引导性原则指的是为了使研究结果更加具有现实意义，在研究的过程中采用一定的技术手段，使研究结果能够为现实服务，保证研究结果不脱离实际，做到理论联系实际。因此本书在"中国模式"转型绩效评价的过程中，评价指标及评价方法应尽可能反映"中国模式"转型绩效今后的发展趋势和发展重点，对"中国模式"转型绩效未来的发展具备一定的引导性。

3.2.2 评价指标体系的构建

根据对"中国模式"的定义可见，"中国模式"是一个全方位、多层次的复杂体系，因为"中国模式"转型绩效的测量必须构建一个"中国模式"转型绩效综合指数。"中国模式"转型绩效综合指数是一个合成指数,它由影响"中国模式"转型的各个影响因素组成,各因素经过指数加权形成综合转型绩效指数,因此"中国模式"综合转型绩效指数测量,首先要构建"中国模式"转型绩效评价体系。

本书将"中国模式"划分为"体制模式""结构模式"和"发展模式",同时利用转型绩效和转型成本的逻辑关系,对应将"中国模式"转型绩效划分为三个主要维度,分别为体制转型绩效、结构转型绩效和发展方式转型绩效。"中国模式"转型绩效评价体系的构建参见表3-1。

表3-1　　　　　　　　　"中国模式"转型绩效评价指标体系

总体层	系统层	状态层	要素层	要素属性
"中国模式"转型绩效(E)	体制转型绩效(F1)	市场化程度(G1)	规模以上国有及非国有企业增加值中非国有企业所占比重(H1)	正
			非国有经济投资占全社会固定资产投资比重(H2)	正
			外方注册资金占外商投资企业总注册资金的比重(H3)	正
			城镇非国有单位从业人员占城镇从业人数比重(H4)	正
		政府控制理性化(G2)	政府消费占国民消费的比重(H5)	逆
			政府资本转移占政府总储蓄比例(H6)	逆
			政府转移支付和政府补贴及GDP比率(H7)	逆
		商品价格自由化(G3)	消费品零售总额中市场定价的比重(H8)	正
			生产资料销售总额中市场定价比重(H9)	正
	结构转型绩效(F2)	二元结构转化(G4)	农村人均纯收入增长率(H10)	正
			农业劳动力占总劳动人口比重(H11)	逆
		产业结构优化(G5)	第三产业产值占GDP比重(H12)	正
			信息产业增加值占GDP比重(H13)	正
			农业产值占GDP比重(H14)	逆
		城市发展(G6)	城市人口占总人口比重(H15)	正
			非农劳动力占总劳动力比重(H16)	正
	发展方式转型绩效(F3)	要素使用集约化(G7)	单位能耗比率倒数(H17)	正
			劳动生产率(H18)	正
		福利改善(G8)	人均GDP占5000美元比例(H19)	正
			人均住房面积(H20)	正
			人力资本积累(每百万大学生毕业人数)(H21)	正
		人口质量提高(G9)	每千名医护人员服务人数(H22)	正
			死亡率(H23)	逆
		创新驱动水平(G10)	R&D投入费用/GDP(H24)	正
			技术效率变动(H25)	正
			新产品产值(H26)	正
		资源利用与生态环境(G11)	资源利用与生态环境代价(H27)	逆

3.2.3 数据来源

本书所使用的数据期限为1984—2016年,本书所有的原始数据来自历年《中国统计年鉴》《新中国六十年汇编》《中国对外经济贸易年鉴》,以及中国宏观经济数据库,其中,消费品零售总额中市场定价的比重、生产资料销售总额中市场定价比重这两个指标的数据则是来源于《三种价格形式比重测算报告》。某些年份个别数据缺失,本书则是利用时间序列建立回归方程,弥补空缺年份的相关数据。

3.3 "中国模式"转型绩效评价

3.3.1 数据的标准化处理

由于指标数据的单位不同,为便于比较和分析,就要对指标数据进行标准化处理。研究中常用的标准化处理方法有总和标准化法、标准差标准化法、极大值标准化法和极差标准化法。本书采用极差标准化法进行标准化处理,运用的计算公式为:

$$Y = \frac{x_{ai} - \min\limits_{1 \leq i \leq n}\{x_{ai}\}}{r_a}, \quad i = 1, 2, \cdots, n$$

如果指标属性为逆向,可以利用下面的公式进行标准化处理:

$$Y = \frac{\max\limits_{1 \leq i \leq n}\{x_{ai}\} - x_{ai}}{r_a}, \quad i = 1, 2, \cdots, n$$

前面两个公式中,其中 r_a 为极差,即 $r_a = r_{\max} - r_{\min}$。将处理以后的数值进行加权汇总,就可以得到"中国模式"转型中各个分模式的转型绩效指数值。

3.3.2 指标权重的选择

根据"中国模式"转型绩效评价体系表可见:体制转型绩效、结构转型绩效和发展方式转型绩效构成了评价体系的系统层,然后分别对系统层进行了状态层的划分,并对状态层的各影响因素进行了要素层的划分。其中评价体系表中状态层和系统层的权重则是采用AHP方法来确定,即中国通常所说的专家打分法,对要素层则是利用平均分配方法确定权重。系统层、状态层和要素层均确定以后,则直接构建成为"中国模式"转型绩效综合指标指数,参见下面公式:

$$E = \sum_{i=1}^{3} M_j \sum_{j=1}^{n} \left| M_{ij} \sum_{K=1}^{m} (M_{ijk} C_{ijk}) \right|$$

本书利用设计问卷,进行问卷调查,本书选取 20 位专家进行打分,利用加权平均得出判断矩阵。状态层权重则是重新打分以后的结果。表 3 – 2 为"中国模式"转型绩效系统层的权重大小,表 3 – 3 为"中国模式"转型绩效状态层的权重大小。

表 3 – 2　　　　　　　　"中国模式"转型绩效系统层的权重

	F1	F2	F3	特征向量	最大特征值	一致性检验
F1	1	2	3	0.54	3.01	CR = 0.0046
F2	1/2	1	2	0.30		
F3	1/3	1/2	1	0.16		

表 3 – 3　　　　　　　　"中国模式"转型绩效状态层的权重

	G1	G2	G3	特征向量	最大特征值	一致性检验
G1	1	4	3	0.63	3.02	CR = 0.0091
G2	1/4	1	1/2	0.14		
G3	1/3	2	1	0.24		

	G4	G5	G6	特征向量	最大特征值	一致性检验
G4	1	1/4	3	0.23	3.09	CR = 0.0429
G5	4	1	5	0.67		
G6	1/3	1/5	1	0.10		

	G7	G8	G9	G10	G11	特征向量	最大特征值	一致性检验
G7	1	3	5	3	1	0.35	5.01	CR = 0.0013
G8	1/3	1	2	1	1/3	0.12		
G9	1/5	1/2	1	1/2	1/5	0.06		
G10	1/3	1	2	1	1/3	0.12		
G11	1	3	5	3	1	0.35		

根据以上确立的"中国模式"转型绩效要素层的权重大小,我们利用平均分配方法对要素层进行了权重的分配,参见表 3 – 4。

表 3-4　　"中国模式"转型绩效各个指标的权重

系统层		状态层		要素层	
指标	权重	指标	权重	指标	权重
体制转型绩效（F1）	0.54	市场扩大化（G1）	0.337	规模以上国有及非国有企业增加值中非国有企业所占比重（H1）	0.08425
				非国有经济投资占全社会固定资产投资比重（H2）	0.08425
				外方注册资金占外商投资企业总注册资金的比重（H3）	0.08425
				城镇非国有单位从业人员占城镇从业人数比重（H4）	0.08425
		政府控制理性化（G2）	0.0736	政府消费占国民消费的比重（H5）	0.0245
				政府资本转移占政府总储蓄比例（H6）	0.0245
				政府转移支付和政府补贴及GDP比率（H7）	0.0245
		商品价格自由化（G3）	0.1286	消费品零售总额中市场定价的比重（H8）	0.0643
				生产资料销售总额中市场定价比重（H9）	0.0643
结构转型绩效（F2）	0.3	二元结构转化（G4）	0.067	农村人均纯收入增长率（H10）	0.0335
				农业劳动力占总劳动人口比重（H11）	0.0335
		产业结构优化（G5）	0.2001	第三产业产值占GDP比重（H12）	0.0667
				信息产业增加值占GDP比重（H13）	0.0667
				农业产值占GDP比重（H14）	0.0667
		城市发展（G6）	0.0299	城市人口占总人口比重（H15）	0.01495
				非农劳动力占总劳动力比重（H16）	0.01495
发展方式转型绩效（F3）	0.16	要素使用集约化（G7）	0.0566	单位能耗比率倒数（H17）	0.0283
				劳动生产率（H18）	0.0283
		福利改善（G8）	0.0196	人均GDP占5000美元比例（H19）	0.0065
				人均住房面积（H20）	0.0065
				人力资本积累（每百万大学生毕业人数）（H21）	0.0065
		人口质量提高（G9）	0.0105	每千名医护人员服务人数（H22）	0.00525
				死亡率（H23）	0.00525
		创新驱动水平（G10）	0.0196	R&D投入费用/GDP（H24）	0.0065
				技术效率变动（H25）	0.0065
				新产品产值（H26）	0.0065
		资源利用与生态环境（G11）	0.0566	资源利用与生态环境代价（H27）	0.0566

3.3.3 "中国模式"转型绩效综合指数的测算

利用"中国模式"转型绩效综合指数公式,以及各指标的权重,本书进行"中国模式"转型绩效综合指数的测算,测算结果如图3-1所示。

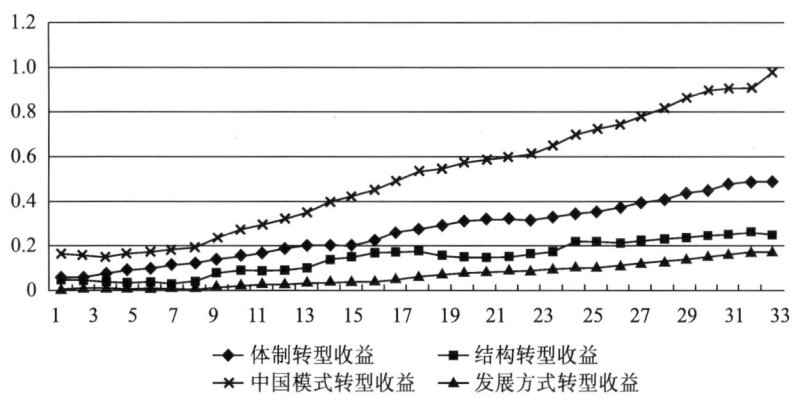

图3-1 "中国模式"转型绩效综合指数

根据图3-1显示:1984—2016年,"中国模式"转型绩效呈现逐年递增的趋势,1984年"中国模式"转型绩效为0.16,到2016年"中国模式"转型绩效达到了0.99,接近1的水平。这说明改革开放30多年的时间内,"中国模式"转型是成功的、有成效的,解放了生产力,促进了生产关系的发展,对各个分模式转型绩效进行测量发现:总体上,体制转型绩效、结构转型绩效和发展方式转型绩效也呈现逐年递增的趋势,尽管在某些年份有所波动,但是波动幅度较小。这说明中国非公有制经济得到快速发展、市场化扩大、城乡二元制结构得到改善,城市得到发展,人民生活水平得到提升,国家经济结构的失衡问题得到有效调整,中国参与国际市场竞争的开放程度得到提升。未来,如何保持"中国模式"转型绩效的不断递增趋势,并实现规模报酬递增是下一步"中国模式"转型需要考虑的问题,也是一个重要的发展战略创新问题。

为探索中国长期制度变迁中,"中国模式"转型的收益的发展趋势和状况,本书进一步对"中国模式"转型绩效进行了多元统计分析,研究未来"中国模式"转型发展的内在规律和特征,并对其进行经济学上的解释。

(1)"中国模式"转型绩效趋势的分析。

本书利用Eviews6.0,采用H-P滤波方法,针对"中国模式"转型绩效趋势,以及其波动性进行模拟。发现:经过H-P滤波以后,"中国模式"转型发展趋势呈现45度夹角上扬趋势,这说明"中国模式"转型经历了一个由简单到困难的过程,未来"中国模式"转型绩效是呈现增长趋势的。

(2)"中国模式"转型绩效阶段性特征分析。

采用多元统计分析中的聚类分析——有序样本最优分割法,得出关于中国经济转型绩效阶段划分的最优分割结果以及与每一种划分阶段相对应的误差函数，做出关于经济转型绩效变动的最优分段数的判断。根据最优分段结果判断："中国模式"转型绩效波动主要分为四大主要阶段，第一阶段是改革开放以后到 1985 年，改革开放以后是中国经济转型的起始阶段，该阶段中国经济总量偏小，但是发展速度十分迅速；第二个阶段是 1986—1993 年，为"中国模式"转型的过渡时期，此时"中国模式"转型成效明显，增强速度也十分明显；第三个阶段为 1994—2001 年，属于"中国模式"转型的中期和深化阶段，此阶段"中国模式"转型绩效也较为明显，但是属于"中国模式"转型最为波动的阶段，表现为前期上升中期下降，最后其又呈现上升趋势；第四个阶段为 2003—2016 年，此阶段属于"中国模式"转型的后期深化阶段，阶段特征表现为"中国模式"转型绩效成效现状、社会经济文化等各个领域发生了巨大的变化，产生了正绩效，"中国模式"转型绩效明显，呈现增加趋势。但同时如果实现规模递增，保持"中国模式"转型绩效也是未来发展需要考虑的重要问题。

3.4 评价结果的理论分析

1. 对改革开放以后到 2016 年"中国模式"转型绩效进行测算得出，从总体来看，中国在这 33 年的时间内，"中国模式"转型绩效呈现逐年递增的趋势，但是未来，如何保持"中国模式"转型绩效的不断递增趋势，并实现规模报酬递增是下一步"中国模式"转型需要考虑的问题，也是一个重要的发展战略创新问题。这也就是说，未来中国长期的制度变迁中，如果要避免边际报酬递减，实现规模报酬递增需要考虑后期制度变迁效率、"中国模式"转型的成本大小，以及"中国模式"转型成本分摊中的利益方博弈失衡所带来的效率损失大小。

2. 对"中国模式"转型绩效框架进行分析可见，"体制模式"转型绩效是最为突出的，也是促进中国经济发展最为直接的贡献力量。这表明在"中国模式"转型中，国家越来越倾向于转变政府职能，实现从"微观"调控向"直接"调控的转变，发挥市场在资源配置中的基础作用，减少国家行政干预；结构性转型绩效波动较大，前十几年波动较为平缓，1996 年以后增速十分显著，这说明中国从传统到现代化的结构转型中，二元制结构已经逐步改善，城乡发展进一步协调。但是城乡差距依然很大，是制约中国发展中十分重要的因素，结构转型绩效要想进一步提升，未来还需要加强调整力量。另外，发展方式转型也是呈现逐步递增的趋势，但是与"体制模式"转型绩效、"结构模式"转型绩效相互比较，仍然存在很大的差距，增长幅度有限，21 世纪以后，其收益趋势更加明显，开始逐步发挥发展方式转变所带来的效益。

3. 对改革开放以后到 2016 年"中国模式"转型绩效阶段性变化特征进行判断可见："中国模式"转型绩效阶段主要分为四个阶段，四个阶段的变化与中国现实发展状况相互符合，比较符合中国发展实际，中国发展是一个长期的历史发展过程，未来"中国模式"转型中，应继续加强和深化改革。

4. 发挥国家主体在"中国模式"转型后的有效控制作用。国家调控对国民经济发展具有十分重要的作用，国家调控状况直接界定了"中国模式"转型的能力，推动了中国改革进程。可以说"中国模式"转型中，政府合理的宏观调控促进了中国经济改革路径的内在化、规律化和合理化。在体制转型中，通过减少国家行政干预，给予市场经济以合适的自由空间，强化市场调节的作用，淡化国家干预，有利于促进市场经济的合理、有序发展，发挥国家主体在"中国模式"转型后的有效控制作用，恰恰是国家提高市场经济效率的重要举措，为市场经济构建了相对自由的制度创新保障。随着当前"中国模式"转型的深化，"体制模式"转型绩效在"中国模式"转型绩效中所占的比重会逐步加大，中国政府应该充分认识到"体制模式"变迁在中国经济发展中的重要作用，促进制度创新，增强体制创新所带来的效率改进，实现体制转型绩效的不断增加，有利于保障国家宏观调控在中国市场经济稳定发展中的合理和高效运行。

5. "中国模式"转型后期的重点需要根据转型实际结果进行调整。众所周知，制度变迁是一个长久的过程，"中国模式"转型作为一个制度的根本性变化，是一个长期且十分复杂的过程。"中国模式"转型已经进入后期阶段，模式转型的目标已经确定，但是在转型过程中，中国应该根据转型实践结果，进行重点领域的调整，"中国模式"转型的重点只有结合中国国情和实践，中国的转型才算是成功的、有保障的。特别是"中国模式"转型中，转型速度的处理问题上，不可以一味地追求快，从而忽视了中国经济现实承受能力，我们只有认识到这一点，未来转型绩效才能保障实现规模效益递增，中国经济的增长和发展才能最终是一种良性的发展。

第4章

新常态下"中国模式"未来转型的制约因素分析

"中国模式"已经经历了从计划经济体制向社会主义市场经济体制的转型、经济结构调整的转型、发展方式的转型等多次转型,每一次的转型都面临各种各样的制约因素。在经济新常态背景下,"中国模式"势必要在经济全球化迅猛发展和国内经济增速放缓的情况下面临再次转型。本章基于前文从综合角度构建的体制模式、结构模式和发展模式的三维"中国模式",分析在新常态下中国模式未来转型所面临的制约因素。

4.1 新常态的界定及其特征分析

4.1.1 "新常态"的基本内涵

"新常态"一词最早是在2014年5月习近平总书记考察河南的行程中提到的,他指出"中国发展仍处于重要战略机遇期,我们要增强信心,从当前中国经济发展的阶段性特征出发,适应新常态,保持战略上的平常心态"。"常态"就是正常状态,"新常态"体现一个"新"字,本质还是在于"常态",通俗地说,"新常态"是指在经历与以前常态不同的一个阶段后,重新恢复新的正常的状态,"新常态"是不同于以往的、稳定的状态,这种状态是一种趋势性,具有不可逆性。

事物的发展过程就是从常态—非常态—新常态的过程,这与哲学上讲的"否定之否定"规律具有相同的内涵。"否定之否定"规律认为事物的发展过程是前进性与曲折性的统一,事物的发展过程是螺旋式上升的,不是直线式前进的。而常态—非常态—新常态的过程正是承认"否定之否定"规律的前提下提出的,"常态"和"新常态"对应的事物发展过程中的前进性,而"非常态"对应的正是事物发展过程中曲折性,可以这样认为,"否定之否定"规律是社会发展的本质规律,而社会发展过程中常态—非常态—新常态的过程是该规律的外在表现形式。不论是"否定之否定"规律还是"常态—非常态—新常态",都承认事物的发展方向是向好的,前途是光明的。但是也应该注意到,事物发展过程中的"曲折性"和"非常态"是事物发展过程中必须要面临的发展阶段,任何事物的发展过程都不可能跳过该阶段。

我国经济的发展也是经历了这样的一个过程,从1978年改革开放到2011年,我国的GDP年增长率一直维持在10%左右,这是我国经济发展的常态阶段;2012—2014年我国GDP年增长率降为7.5%左右,增速降低,可以认为是我国经济发展的非常态阶段;而从2015年后,我国GDP年增长率维持在6%~7%,并且这种增长率将在短时间内保持稳定,这是我国经济发展的新常态阶段。1992—2018年我国GDP年增长率如图4-1所示。

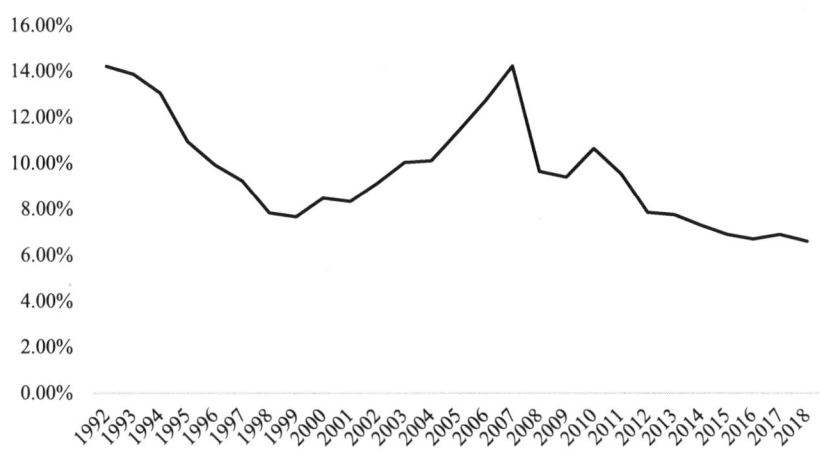

图4-1 1992—2018年中国GDP年增长率

4.1.2 "新常态"的特征

"新常态"是一种与之前状态不同,但是具有相对稳定性的一种状态。新常态的特征体现在两个方面,一个是"新",即新常态区别于以前状态,有其自身的特点;另一个是"常态",也就是新常态是一种必然的趋势,具有一定的稳定性。

新常态区别于以前的常态,与以前的常态具有显著的差别。新常态是以前的常态在面临一系列转变后,经历"非常态"后形成的一种新的状态,这种新的状态有其自身的特殊性。以我国经济社会发展历程来说,我国自改革开放以后,经济一直保持高速增长,2010年我国已经超越日本成为世界上仅次于美国的世界第二大经济体。以2010年前后,我国经济总量规模已经达到一定的体量,在这种情况下所面临的增长压力越来越大,再加之全球经济危机的影响,我国经济在2010年后逐渐放缓,2012—2014年我国GDP年增长率降为7.5%左右。从2015年开始,我国的GDP年增长率维持在6%~7%,国务院总理李克强在《2019年政府工作报告》中指出,我国2019年的GDP年增长率目标为6%~6.5%。新常态下我国经济发展速度放缓,与过去追求GDP增速的经济发展阶段相比具有很大的不同。综上可以看出新常态下，事物发展过程中的状态与旧的状态具有一定的差别，有自己的特征。

新常态的另一个特征是稳定性，新常态虽然"新"，与以前的状态相比存在着不同，但是这种新的状态是一种常态，是一种趋势，具有一定的稳定性。2015年以后，我国的经济增长速度与2010年以前相比虽然有了一定程度的下降，但是这种下降以后的经济增速在短时间内不会有太大幅度的变化，预计未来一定时期内我国的经济增长速度将稳定在6%~7%。这种经济增速放缓是一种大势所趋，纵观世界各国的经济发展历程，没有哪个国家可以保持经济一直高速增长。随着我国经济规模不断扩大，片面追求高速度的经济增长是不现实的，追求中高速的高质量的经济增长才是我国经济持续发展的正确道路。而且在当前国际竞争压力逐渐增大、经济结构长期失衡、创新能力和创新制度不完善、国内消费能力有限、货币流通性不足等问题依然严峻的形势下，追求高质量的经济增长才能有效解决这些问题。因此新常态下，在内外部因素的综合影响下，新常态在短期内不会有太大的变化，具有一定的稳定性。

4.2　新常态下中国经济发展的阶段性特征

从2012年开始，中国经济增速逐渐放缓，中国经济进入了新常态。新常态下的中国经济发展面临与以前不同的新环境、新矛盾、新问题，新常态下的中国经济进入了与以往不同的阶段，在这个阶段，中国经济发展具有六大特征。

4.2.1　经济增长速度由高速向中高速转换

2014年，习近平总书记提出我国经济目前的发展阶段进入了一个新的周期，即经济新常态，实际上中国自2012后经济增速开始放缓，2015年后我国GDP增速维持在6%~7%，从2012年开始我国经济逐步进入经济新常态。新常态下的中国经济的显著特征就是经济增长速度由高速向中高速转换。

21世纪的前十年，我国的10%左右的GDP增长速度连续多年位于世界大国中的首位，2010年后随着我国经济步入新常态，进入新的经济发展周期，这种高速的经济增长逐渐转换为中高速增长，这里的中高速指的是6%~7%。目前世界各大国的经济增速普遍在3%以下，根据国际货币基金组织的预测，2018年世界各国平均GDP增速为3.7%，美国为2.9%，德国1.5%，英国1.4%，发达国家的增速普遍低于世界平均水平。我国6%~7%的GDP增长速度虽然与21世纪前十年相比有一定程度下降，但是仍位于世界大国中的前列，因此新常态下经济增长速度逐渐转换为中高速。

新常态下中国经济增长速度由高速向中高速转换是一种必然的趋势，不是经济衰退的表现。纵观世界各国发展历史，没有任何一个国家能够一直保持经济的高速增长，特别是经济大国，经济规模增长到一定程度后最终都会放缓。我国虽然是一个发展中国家，但是我国是世界上仅次于美国的第二大经济体，2018年国内生产总值超过90万亿元，中国经济增长对世界经济增长的贡献率接近30%。因此，新常态下中国经济增长速度放缓是一种正常的现象。

4.2.2 发展方式由规模速度型粗放增长向质量效率型集约增长转变

新常态下中国经济的发展方式由规模速度型粗放增长向质量效率型集约增长转变，这是新常态下中国经济发展的特征之一，是摆脱我国目前经济发展困境的出路，也是经济大国向经济强国转变的必由之路。

一直以来中国经济的发展方式就是追求GDP规模和发展速度的发展方式，2010年我国GDP超越日本成为仅次于美国的世界第二大经济体，在这种背景下，资源使用效率低、企业效率低等许多经济发展问题依然突出。因此，片面追求GDP增长的发展方式已经不再适应中国的新常态经济，中国经济正在向形态更高级、分工更复杂、效率更高的方向发展。《中共中央关于全面深化改革若干重大问题的决定》指明了新常态下经济的发展方式，在经济新常态下，中国经济的发展方式应该由主要依靠增加物质资源消耗实现的粗放型高速增长，转变为主要依靠技术进步、改善管理和提高劳动者素质实现的集约型增长，经济增长的速度已经不能促进中国经济进一步向前发展，追求经济增长的质量、提高全要素生产率、实现集约型经济增长才是推动中国经济向前发展的重要动力。

4.2.3 产业结构由中低端向中高端转换

中国经济新常态的另一个特征是产业结构由中低端向中高端转变，产业结构调整包括产业结构的合理化和高级化，经济新常态下的中国经济发展既要追求产业结构调整的合理化，实现各产业之间的相互协调，又要追求产业结构的高级化，实现产业结构由较低级形式转化为较高级形式。

三大产业结构出现调整是中国经济新常态的重要特征，由表4-1可知，2013年中国第三产业比重首次超过第二产业成为三大产业中占国内生产总值比重最大的产业，这标志着我国正式迈入"服务业时代"，而且随着时间的推移，第三产业占国内生产总值的比重进一步提高，2018年第三产业占国内生产总值的比重已经达到52.20%。新常态下，中国经济产业结构由中低端向中高端转换是必然的趋势，美国等发达国家的服务业占国内生产总值的比重超过80%，因此相比于发达国家，我国第三产业占国内生产总值的比重仍有待提高，站在这一角度，可以认为产业结构由中低端向中高端转换是我国迈向经济强国的必然道路，也是经济新常态下我国经济发展的必然趋势。

表 4-1　　　　　　　　1998—2018 年中国三大产业占 GDP 比重

年份	GDP 总值（亿元）	产业增加值（亿元）			三大产业比重（%）		
		第一产业	第二产业	第三产业	第一产业	第二产业	第三产业
1998	79533	14299	39150	79533	17.97	49.21	32.81
1999	82054	14212	40806	27036	19.32	49.73	32.95
2000	99215	14945	45556	38714	15.06	45.92	39.02
2001	95933	14610	49069	32254	15.23	51.15	33.62
2002	102398	14833	52982	34533	14.49	51.74	33.72
2003	116694	14724	61778	37669	14.78	52.94	32.28
2004	136515	20744	72387	43384	15.20	53.02	31.78
2005	182321	22718	86208	73395	12.40	47.30	40.30
2006	209407	24700	102004	82703	11.80	48.70	39.50
2007	246619	28910	121381	96328	11.70	49.20	39.10
2008	300670	34000	146183	120487	11.30	48.60	40.10
2009	335353	35477	156958	142918	10.60	46.80	42.60
2010	397893	40497	186481	171005	10.20	46.80	43.10
2011	471564	47712	220592	203260	10.10	46.80	43.10
2012	519322	52377	235319	231626	10.10	45.30	44.60
2013	568845	56957	249684	262204	10.00	43.90	46.10
2014	636463	58332	271392	306739	9.20	42.60	48.20
2015	676708	60863	274278	341567	9.00	40.50	51.50
2016	744127	36671	296236	384221	8.60	39.80	51.60
2017	827122	65468	334623	427032	7.90	40.50	51.60
2018	900309	64734	366001	469575	7.20	40.70	52.20

4.2.4　增长动力由要素驱动向创新驱动转换

新常态背景下的中国经济的另一个特征是增长动力由要素驱动向创新驱动转换。改革开放 40 年来，我国经济的增长一直依靠的是资源、劳动力等传统要素的投入，劳动力规模大成本低、资源储量大种类丰富一直是我国的经济优势。但进入经济新常态后，我国的劳动力人口在下降，资源也在逐渐减少，依靠传统要素驱动经济增长的方式已经难以为继，经济的增长动力应该是劳动力效率的提高、资源利用效率的提高、创新的增长。

实现创新驱动发展也是经济新常态的必然要求，依靠传统要素驱动的经济增长使得我国改革开放 40 年来取得了显著的经济成果，但已取得的经济成果主要是规模上的增长，我国经济发展中质量不高、效益不好、产品集中在产业链的中低端、核心技术领域受制于人的问题依旧突出。我国目前的单位 GDP 能耗是世界平均水平的两倍，如果依靠传统要素驱动经济增长，我国经济增长所需要消耗的资源规模是庞大的，国内难以满足，因此转变经济驱动方式是我国经济进一步发展的必然选择。经过改革开放 40 年的发展，我国已经具有创新驱动经济发展的基础和条件，我国的科技人员数量近 4200 万人，位居世界第一，特高压、高铁等新基建领域已经跻身世界前列。综上，通过创新提高全要素生产率，驱动我国经济发展符合我国的现实状况和科学的经济规律。

4.2.5 资源配置由市场起基础性作用向起决定性作用转换

新常态背景下中国经济发展的第五个特征是资源配置由市场起基础性作用向起决定性作用转换。改革开放初期的历史证明，政府主导经济的发展方式是不符合经济规律的，市场才是资源配置的最有效手段，1992 年中共十四大提出了建立社会主义市场经济体制和国有企业建立现代企业制度的目标，1997 年中共十五大提出使市场在国家宏观调控下对资源配置起基础性作用，2002 年中共十六大提出在更大程度上发挥市场在资源配置中的基础性作用，2013 年十八届三中全会提出使市场在资源配置中起决定性作用。

新常态下，我国以前高消耗、高投资、高污染、低效益的发展方式已经远远不能适应经济发展的需要，这种经济发展方式所造成的产业结构不合理、创新能力不强、发展不均衡、收入差距过大的问题必须依靠市场配置资源来解决。利用市场的供求关系和价格推动经济结构调整，发展新的商业模式和生产方式，能使得资源的配置效率达到最佳。利用市场配置资源也是解决我国目前经济腐败和社会不公平问题的根本方式，以往我国经济腐败一直存在的重要原因是政府在资源配置中起到的作用过大，而市场在资源配置中起决定性作用，大幅度减少了政府对资源的直接配置，有利于完善我国的产权保护制度，建立公平、开放、透明的市场规则，促进经济社会公平正义。

4.2.6 经济福祉由非均衡型向包容共享型转换

经济福祉由非均衡型向包容共享型转换也是新常态背景下中国经济发展的阶段性特征之一。党的十八大提出全面深化改革必须以促进社会公平正义和增进人民福祉为出发点和落脚点，经济新常态下理应逐渐使改革发展成果惠及全体人民。经济福祉由非均衡型向包容共享型转换主要体现在三个方面。

首先，农村居民收入增速快于城镇居民。自 2010 年后，我国农村居民收入增速逐渐超过城镇居民，根据国家统计局数据显示，2018 年城镇居民人均可支配收入 39251 元，比上年名义增长 7.8%；农村居民人均可支配收入 14617 元，比上年名义增长 8.8%。

其次，城乡二元结构向一元结构转变。城乡二元结构把城镇居民和农村居民用制度划分为两个截然不同的社会群体，城镇居民享受的公共资源和基本服务远远多于农村居民。城乡二元结构导致的社会不公平是我国迈向经济强国的重要阻碍，坚持城乡一体化规划，促进城乡二元结构向一元结构转变是我国经济持续稳定发展的重要保障。

最后，中西部地区增速超过东部地区。改革开放以来我国一直坚持的是以东部沿海地区为重点的非均衡发展战略，这种战略帮助我国实现了经济在一定时间内的快速增长，但是也造成了我国产业结构失衡和区域不平衡。经济新常态下，区域协调发展，东部反哺中西部是我国经济再次腾飞的重要支撑，目前我国中西部地区的经济已经明显超过东部地区，2018 年我国各省中 GDP 排名前三位的是西藏、云南、贵州。

4.3 新常态下"中国模式"未来转型的制约因素

"转型"是国家发展路径的转变，包括计划经济体制向市场经济体制的转变；传统社会向现代社会、封闭性社会向开放性社会、农业社会向工业社会的转变；社会结构、机制、利益和观念的转变。这是一个相互联系、相互影响、有机统一的过程，需要加强改革动力，同时循序渐进，不断发展完善。

当前，随着经济全球化的迅猛发展，国际形势风云变幻，国际竞争也日趋激烈，我们一方面要努力融入全球一体化之中，另一方面要努力实现现代化国家的治理模式，才能实现现代化和持续繁荣。各个国家都有适合自身国情的治理方式来实现转型，中国也需要在立足国情的基础上，强化政府主导，在保持传统体制生产结构和资产存量稳定的前提下，循序渐进地推进政治、经济和社会变革，实现"软着陆"。任何一个国家的任何一次转型都不是一帆风顺的，新常态下"中国模式"未来转型涉及政治、经济、社会、制度、国际环境等各方面内容，面临各方面的制约因素，延续前文的研究，本书从体制模式、结构模式和发展模式的三维理论分析框架，综合全面分析新常态下"中国模式"未来转型的制约因素。

4.3.1 新常态下"体制模式"未来转型的制约因素

"体制模式"转型表现为中国从计划经济体制到社会主义市场经济体制的制度变迁，主要包括市场扩大化、政府控制理性化、商品价格自由化三方面。新常态下"体制模式"未来转型的目标是进一步发挥市场在资源配置中的决定性作用，增强市场流通性和市场活力。40 余年的经济体制改革虽然取得了一定的成效，但是我国经济体制中存在的垄断行业强大、城乡二元分割、公共产品过度市场化等因素仍然是新常态下"体制模式"未来转型的制约因素。

1. 市场垄断。

受传统计划经济的影响，我国市场经济体制中权力干扰市场、垄断市场、扰乱市场秩序的现象依然存在。随着当前第三产业占比逐渐增加，我国现行"体制模式"中权力干扰市场经济和垄断市场的范围将进一步缩小，但是应该注意到，在某些特殊性质行业，例如金融、出版、通讯、钢铁、石油等，依靠政府权力以较低的成本获得资源从而扰乱市场公平、垄断市场。在石油行业,中石油、中石化、中海油生产了全国 90% 的原油,拥有全国几乎全部的石油勘探区和采矿权,拥有全国油气总里程数近 70% 的油气管道,拥有全国超过半数的加油站。

新常态下"体制模式"未来转型必须要破除权力经济的存在,除控制国民经济命脉的关键行业,剩余行业应大力减少政府定价,避免权力干扰市场现象,最大限度保证市场公平,增加市场经济活力。

2. 城乡二元分割。

新中国成立以来,为了尽快完成工业体系的建设,我国通过征收农业税与工农产品"剪刀差",顺利完成了我国的工业化进程。但是这种制度的背后所造成的城乡二元经济体制却成为新常态下阻碍"体制模式"转型的因素。根据图 4-2 可以看出,在城乡二元经济体制的影响下,1982—2008 年我国城乡收入比不断扩大。到 2018 年我国城乡收入比仍高达 2.69,在差距最大的省份中,城镇居民人均可支配收入是农村居民可支配收入的近 10 倍。

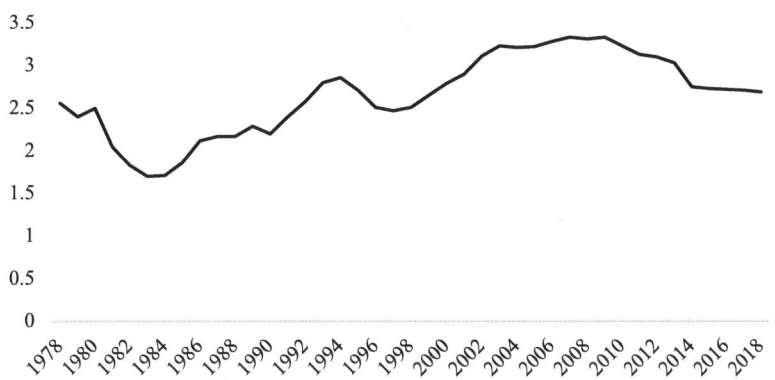

注:城乡收入比 = 城镇居民可支配收入/农村居民可支配收入

图 4-2 1978—2018 年城乡收入比

未来我国经济新常态下"体制模式"的转型必须破除城乡二元经济体制的影响,城乡二元经济体制与我国目前大力推行的市场经济不相容,破除城乡二元经济体制是新常态背景下我国经济体制模式转换的必经阶段。只有破除二元城乡经济体制,实现城乡一体化,打通城乡经济市场的流通渠道,才能在我国建立纯粹的市场经济体制,保持经济的持续稳定发展。

3. 公共产品过度市场化。

新常态下中国"体制模式"的转型受到公共产品过度市场化的阻碍,公共产品过度市场化指的是本来应该由政府提供服务的领域由市场提供。随着我国经济的发展和人民生活水平的提高,社会公众对公共产品的需求量和范围不断扩大,但是因为政府公共物品供给的资金局限性,政府将一部分本应该由政府提供的公共物品交由社会资本提供。例如在学前教育领域,长期以来因为我国庞大的人口增量导致了学前教育政府供给难以满足市场需求,各种民办学前教育机构大肆兴办。社会资本承办的学前教育机构虽然满足了公众对学前教育的需求，但是社会资本承办学前教育机构使得学前教育成本大大增加，降低了生育愿望，而且民办学前教育机构人员素质参差不齐，导致学前教育质量难以保证，学前教育失去应有的公平性。

未来经济新常态下的中国"体制模式"转型必须明确公共产品的界限，完善公共产品的提供范围和数量，强化政府公共物品提供的责任，制定公共物品市场化的法律法规，避免公共产品过度市场化。

4.3.2 新常态下"结构模式"未来转型的制约因素

"结构模式"转型指的是经济新常态背景下因"结构失衡"而进行的经济结构调整，主要包括二元结构转化、产业结构优化、城市发展结构的调整。当前我国经济结构中三大产业结构不合理、供需结构不协调、产业链不完善、区域结构不合理等因素制约着新常态下我国经济"结构模式"的未来转型。

1. 三大产业结构不合理。

改革开放40年来，我国三大产业结构逐步调整，总体呈现出第二产业窄幅调整，比重逐渐缩小，第一产业和第三产业此消彼长，第三产业占比逐步增加的总体趋势。随着三大产业结构的调整，我国的劳动力逐渐由第一产业向第二、三产业转移，并且第三产业成为吸纳劳动力的主要产业。

虽然目前我国第三产业占比已经成为三大产业占比中最高的，但通过与世界各发达国家的横向比较可以发现，我国第三产业占比仍与发达国家第三产业占比有较大的差距。2018年我国第三产业占国内生产总值的比重为52.20%，而根据世界银行公布的统计数据来看，2014年美国第三产业比重为78.05%，英国为79.63%，日本为72.58%。综合来看我国第三产业比重仍有巨大的提升空间，新常态下中国经济"结构模式"转型必须进一步优化三大产业结构。

2. 供需结构不协调。

经济新常态下，供需结构不协调是阻碍我国经济"结构模式"不协调的重要因素。供需结构不协调体现在多个方面，无效供给和低端供给过多、传统产业产能严重过剩、新兴产业和高端科技产品供给不足、劳动力供给和需求不平衡等体现了我国目前经济结构中的供需结构不协调。

从劳动力供需结构就可以看出，根据智联招聘2016年第二季度的部分统计，东部地区招聘需求占到全国总量的73%，但中部的河南、湖南、湖北却拥有大量的劳动力资源；金融、互联网等行业人员需求相对于传统的服务行业较少，但是意向从业人数却比较多，而传统服务行业的招聘需求远远不能满足；大品牌企业放缓人员招聘速度，但是竞争依然激烈，人员需求较多的中小企业却面临无人选择的尴尬境地。

我国政府已经意识到目前经济发展中的供需结构不协调是我国经济发展的一大障碍，2015年我国提出了供给侧结构改革，旨在用改革的办法推进结构调整，减少无效和低端供给,扩大有效和中高端供给,增强供给结构对需求变化的适应性和灵活性,提高全要素生产率,使供给体系更好适应需求结构变化。

3. 产业链不完善。

相比于发达国家,我国的经济发展起步较晚,速度较快,虽然已经建立了比较完善的工业体系,但是在全球产业链中,我国仍然处于"微笑曲线"中部的生产制造环节,两端的高附加值的研发设计和品牌营销由发达国家占据。现在"中国制造"遍布全世界,但是在高附加值的技术研发和品牌营销环节,我国依然处于劣势。苹果公司作为全球市值最高的上市公司之一,其品牌和渠道牢牢把握在自己手里,获取较高的附加值。而我国上市公司中,作为其零部件供应商和电子组装厂商公司多达几十家。而作为我国最大通讯商之一的中兴通讯,在美国禁运芯片之后,对公司产生了非常大的影响。

"结构模式"转型是我国迈向经济强国的重要一步,而目前在全球产业链中的劣势地位是阻碍我国经济"结构模式"转换的重要因素,因此未来我国经济发展中必须完善产业链,向产业链中高附加值环节扩展。

4. 区域结构不合理。

改革开放前,我国实行的是向内地倾斜,均衡发展的发展战略,改革开放后,我国实施了东部沿海地区优先发展的战略。虽然该战略的实施帮助我国经济取得了举世瞩目的成就,但是也造成了我国目前区域结构不合理,区域发展不均衡,区域差距较大的问题。虽然我国实施了中部崛起、西部大开发等战略,但目前中西部地区经济发展依然落后于东部的局面仍没有显著改善,阻碍了我国经济"结构模式"的转换。

经济新常态下,要求区域经济均衡发展。首先,东部地区应起到先导作用,带头支持中西部地区经济发展;其次,中西部地区应利用地区资源优势,加强自主创新,提高资源利用率,追求经济高速高质量发展;最后,政府应协调区域产业转移,使中西部地区承接东部产业转移,完善产业布局,最终实现东中西齐发展的良好经济局面。

4.3.3 新常态下"发展模式"未来转型的制约因素

中国"发展模式"转型的核心是发展方式的转型,主要是指从数量增长向质量增长的转型,从要素投入驱动型发展方式到创新驱动型发展方式的转变。中国经济持续稳定发展的基础是创新驱动和高质量增长,当前经济新常态背景下阻碍我国"发展模式"转型的主要因素包括人口红利的消失、要素成本的上升、创新能力的不足、环境污染严重、消费对经济增长贡献不足等因素。

1. 人口红利消失。

人口红利是指一个国家的劳动年龄人口占总人口的比重较大,抚养率比较低,经济发展的条件优越。从 2006 年起,我国的人口老龄化趋势日益加重,2006—2018 年,我国的人口老龄化比重已经从 7.9% 增长到了 12%,预计到 2020 年,我国 60 岁以上人口数量将达到 3 亿。2015 年,我国的劳动人口已经达到峰值,我国的人口红利会逐渐消失。1950—

2050年中国劳动人民数量与增长率如图4-3所示。

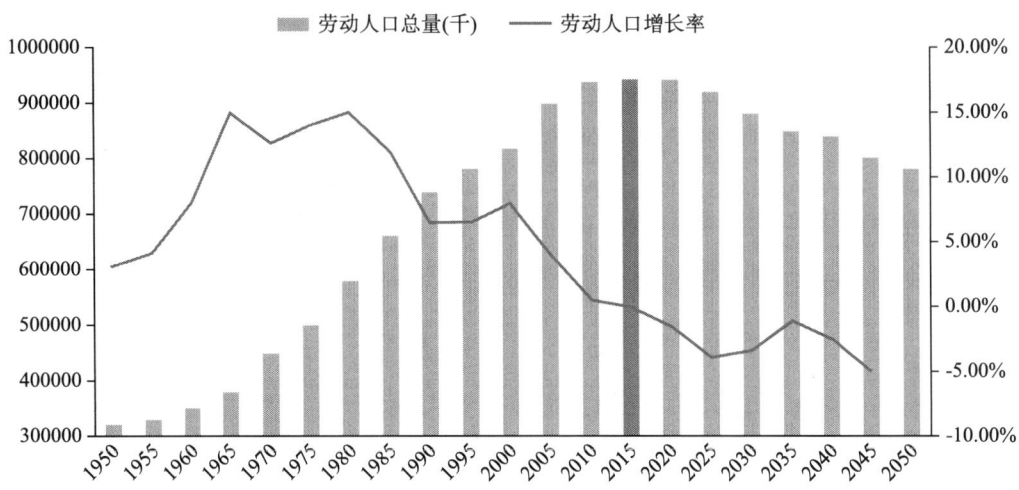

图4-3　1950—2050年中国劳动人口数量与增长率（2020年后数据为预测）

劳动力规模丰富且成本低廉一直是我国经济飞速发展的重要支撑，这种局面短时间内不会得到改变，未来一定时间内中国经济的增长依然需要丰富的劳动力来支撑，中国经济方式的过渡期仍然需要大量的劳动力，但目前我国人口红利逐渐消失的现状会在一定程度上影响我国经济"发展模式"的转换。

2. 要素成本上升。

我国是人口大国和经济大国，对资源的需求量较大，加之我国一直以来的依靠资源消耗的发展方式，造成我国资源大量消耗。有学者指出，我国经济增速放缓的根本原因是要素成本的上升，要素成本的上升使得行业利润空间被压缩，在一定程度上说，是要素成本上升倒逼经济结构调整。

经济新常态下，我国将转变要素投入驱动型发展方式，用创新驱动经济发展。在这个转换期，相比以前的要素投入驱动发展方式，我国经济发展所要投入的要素会有所减少，但是因为我国庞大的经济规模，对要素投入的规模依然有很大需求，而要素成本上升将成为影响我国经济"发展模式"转型的重要因素。

3. 创新能力不足。

科技是第一生产力的事实已经毋庸置疑，我国创新投入已经成为仅次于美国的世界第二大国。但在十大学科领域中，美国8个排名世界第一，分别是：农业、植物学和动物学，生态与环境科学，地球科学，临床医学，生物科学，物理学，天文学与天体物理学，经济学、心理学及其他社会科学。而中国则只有数学、计算机科学和工程与化学材料科学两个领域，整体活跃度优于美国，领跑前沿的覆盖面超出美国。在工业领域，除家用电器、建材、铁路和高铁技术等少数领域，在其他20多个领域都落后于美国。与美国相比，我国的科技创新能力仍处于落后地位。

经济新常态下，创新驱动将成为经济增长的主要推动力量，创新能力是推动我国经济

"发展模式"转型的重要因素,但是我国目前创新能力不足的问题依然存在,大力提高创新能力,发展科学技术是经济"发展模式"转型的根本保证。

4. 环境污染严重。

一直以来的粗放式发展方式给我国的环境造成了巨大的破坏,几乎所有的污染物排放量均居世界首位,我国每年煤炭的消耗量占世界消耗总量的49%,我国每年石油的消耗量占世界消耗总量的11%,我国排放了占世界26%的二氧化硫、28%的氮氧化物、25%的二氧化碳。根据《2015中国环境状况公报》,我国七大水系中四类以下水质占27.9%,作为北方重要水源的黄河,38.7%基本丧失使用功能,海河、辽河、淮河、黄河、松花江、长江和珠江七大江河水系均受到不同程度的污染,辽河、淮河、黄河、松花江、海河污染严重。

发达国家的历史经验已经证明,以牺牲环境为代价的经济发展方式注定是不能持续的。新常态下我国经济"发展模式"转型成功的重要标志就是在不损害环境的前提下保证经济的发展,环境污染问题是我国当前经济发展中亟待解决的问题,解决好该问题是经济新常态背景下中国"发展模式"转型的前提。

5. 消费对经济增长贡献不足。

投资、消费、出口是拉动经济增长的三驾马车,长期以来我国一直靠投资和出口来拉动经济增长。依靠投资和出口拉动经济增长的发展方式虽然在经济发展的增长期效果明显,但是一旦进入经济成熟期,当投资饱和、资源减少、国际经济环境动荡时,这种发展方式就会受到诸多制约。虽然我国目前依靠高速公路、高铁、地铁、电厂、污水处理厂、房地产等大型基建项目投资可以拉动经济增长,但是这种固定资产投资一旦饱和,我国将缺少拉动经济增长向前发展的动力。

经济新常态下,经济的稳定增长是重中之重。目前我国主要由投资和出口拉动经济增长的局面应该逐渐转变为主要由消费拉动,扩大内需是有效应对国际金融危机、保持经济稳定增长的根本举措,更是加快转变经济发展方式、保持经济长期平稳较快发展的关键所在。我国目前消费对经济增长拉动不足是新常态下我国"发展模式"转变的重要障碍,与发达国家相比还有一定的差距,2017年中国固定资产投资对经济增长的贡献是55%,消费是31.8%,出口是13.2%,而美国固定资产投资对经济增长的贡献34%,消费是52%,出口是14%。

第 5 章

"中国模式"同质性与异质性分析

本章试图通过将"中国模式"与世界各国几种"转型模式"如苏联模式、东欧模式和拉美模式等进行对比，得出这几种模式不适合"中国模式"的转型的结论。并在此基础上，对"中国模式"同质性、异质性和价值意义进行研究，探讨"中国模式"的同质性、异质性和价值。

5.1 世界各国几种转型模式

5.1.1 世界上几种主要转型方式

1. 苏联的转型模式。

"苏联模式"实际上是一种战争时期的特殊国家治理方式，是一种国家完全集权的计划经济体制，"苏联模式"的特点是不仅国家外交和国防完全由中央政府管理，而且中央还要把持经济投资和经济发展计划，经济发展的过程中，国家管控经济生活中的所有领域，产品价格、供给都由政府决定。"苏联模式"中，中央政府具有绝对的集中权力，地方政府完全按照中央的指令开展各项活动，这种模式中权力的极端化造成了地方政府和私人的主动性和自由性受阻，因此，地方经济显然没有活力。

实施"苏联模式"以后，苏联避开了第二次世界大战的经济困境，战争结束以后与美国并列，占据超级大国之一的地位长达40多年。"苏联模式"之所以在当时是适用的，主要是因为该种模式适合于对外面临重大威胁的国家，面对外来威胁，"苏联模式"可以充分利用其优势，在最短的时间内迅速集中全国的人力、物力和财力实现国家重工业化建设。由于国家统一动员，因此，精神文明建设对应也容易统一建设起来，前提条件是执政党自身是廉洁奉公，并受到群众爱戴的。但是这种模式注定是不能长久的，该模式导致权力的极端化和腐败的必然产生，使得经济发展的成果由少数人享有，人民生活条件极差。而且"苏联模式"完全由少数人决定国家的发展方向，一旦少数人作出错误决定，那么整个国家都会走向错误的发展方向。在第二次世界大战后国家渴望和平发展的背景下，苏联领导人为了与美国竞争世界霸权地位，仍然决定大力发展重工业，忽视轻工业的发展，这是导致苏联最终解体的重要原因。

"苏联模式"同样不适合于现在中国社会主义道路。这是因为"苏联模式"完全是一种陆战模式。在国家面临战争威胁时可以有效发挥这种模式的威力，集中全国力量做好精神动员。但是实际上第二次世界大战以后，全世界对和平发展充满期待，"苏联模式"以长时间牺牲人民群众利益应对战时的中央集团模式，已经不能满足和平发展时期的需求。可以想象国家一般遭遇战争威胁，全国需要一种统一的力量，也就是苏联的中央集权将全部力量统一起来，尽管会损害广大人民群众的利益，但是人们可以理解该种做法，接受精神动员进行卫国战争，但是苏联战争时期持续了几十年，战争结束以后，还要继续牺牲全国人民群众的利益进行经济发展，因此战后"苏联模式"丧失了人民群众的支持。同样在和平的今天，"中国模式"转型也不适合采用"苏联模式"。

2. 东欧等国家的转型模式。

1989—1990年，在不到一年的时间内，东欧南斯拉夫、罗马尼亚、阿尔巴尼亚、波兰、捷克斯洛伐克、保加利亚、匈牙利、民主德国八个国家经历了历史性的动荡，这也是战争后40年以来最激烈的一次动荡。此阶段，东欧的执政党——共产党下台，权力开始转移到右翼分子手中，他们提出的口号是回归资本主义的世界。

经历了东欧政局变动后，东欧各国开始向着自由化的市场经济过渡，由于东欧各国经济发展条件不一样，所执行的政策也存在差异，因此，其经济转型存在差异，但其经济转型的目标十分一致，主要表现为：加强对产权的明确，为促进市场的自由发展提供良好的环境，发挥市场在经济发展中的重要作用，减少政府对经济的直接干预；促进经济效率的提升，加强资源的优化配置，改变过去政府分配资源的发展方式，让市场通过价格机制、供求机制实现资源合理配置；改变传统国有经济垄断的格局，大力发展私有经济，促进各经济体之间的良性竞争，形成竞争型的经济结构模式；对国有企业进行改革，让企业参与市场竞争，实行国有企业的私有化，放弃政府直接经营企业的计划经济方式。

在经济转型的初期，东欧国家的经济成效不断下滑，但是经过调整以后，东欧各国的政策基本上稳定，原来实行"休克疗法"的国家纷纷进行政策和纲领的调整，经历了十多年的经济转型历程，东欧各国终于确定了新经济体制，并逐步投入运行。为促进新经济体制的稳定发展，东欧各国均建立了完善的法律法规，为新经济体制发展奠定了良好的法律基础，同时在市场发展过程中引入竞争机制。逐步完善要素市场，促进商品、资本、信息等生产要素的自由流通。1998年以后东欧各国的经济发展基本进入好转阶段。

东欧国家的转型模式虽然最终帮助东欧各国成功完成经济转型，但是东欧模式不适合中国的发展道路。一方面，中国近代一次次的革命证明，中国不合适走资本主义的道路，社会主义才是中国走向富强的正确选择。另一方面，东欧各国国家体量相对较小，可以承受向自由化市场经济过渡过程中的经济成效下滑，但是我国是一个经济体量庞大、国情异常复杂的经济大国，在经济发展过程中经济成效下滑给国家造成的伤害是巨大的，容易引起国家动荡，威胁社会稳定，因此东欧国家的转型模式不适合中国的国情，也不适应于中国经济发展过程中的转型要求。

3. 拉美国家的转型模式。

拉美模式主要是指以拉丁美洲国家为代表的发展模式。这些拉丁美洲的国家主要有阿根廷、墨西哥、巴西、智利、委内瑞拉等，拉美模式主要经历了三段发展历程。

第一阶段，出口初级产品的阶段，19世纪20年代的拉美国家摆脱了西班牙和葡萄牙的政治控制，获得独立，这一时期拉丁美洲加强对自然资源的开发，实行了以初级产品为主的出口模式。这一阶段拉美国家在获得独立后采取了短期内快速发展国内经济的方式，这种方式虽然短期内帮助拉美国家取得了一定的经济成果，建立了一定的经济基础，但是这种依靠初级产品出口的方式是不能持续的，也对国家未来经济发展的基础造成了极大的破坏。

第二阶段，拉美各国采用了进口替代工业化的发展模式，即拉美国家采用内向型的经济发展战略，有效利用本国内廉价的劳动力、原材料和资源等，加强国内工业的发展，限制外国产品的进口，使拉丁美洲市场上以本土的工业产品为主。第二个阶段实现了拉丁美洲从农业社会向工业社会的过渡，但是此阶段，拉美存在严重的贸易保护主义，造成拉美的企业生产效率十分低下，在激烈的国际市场竞争中，拉丁美洲产品的竞争力不强，债务危机十分严重。而且贸易保护主义虽然保护了本国产业的发展，但是阻止外国产品进口，特别是发达国家产品的进口，也使得拉美国家失去了模仿学习发达国家先进技术和管理经验的机会，使得拉美国家制造业结构偏向中低端，缺少中高端产品制造基础，失去了产业结构升级的最佳时机。

第三个阶段是新自由主义的发展模式，20世纪80年代美国对拉丁美洲进行干预。在新自由主义的影响下，拉美市场向完全私有化发展。在短时间内，这种私有化有助于拉美外向型模式的发展，缓解了拉美的债务危机问题，促进了市场经济的平衡。但是从长期来看，其对拉美经济发展产生了极大的负面影响，表现为失业问题十分严重、人们之间的收入水平存在着很大的差距。而在政治领域，左翼政府实行中央集权式管理。激进的新自由主义发展流派和温和的新自由主义发展流派相冲突，拉美正面临着多层次、多样化的发展困境。新自由主义的发展模式是拉美国家在自身债务危机难以解决的情况下，借助外围力量试图进行的经济转型。虽然这种经济转型缓解了拉美国家的债务危机，但是拉美国家这种借助外部力量的经济转型方式缺乏牢固的社会基础，导致拉美国家在发展过程中出现了越来越多的问题。作为拉美地区最富有的石油大国委内瑞拉近年来国内经济已经崩溃，国内出现了恶性通胀、货币贬值、人口流出、政治动荡等一系列问题。

5.1.2 几种主要转型模式的简要比较

20世纪80年代以来，各个转型国家经历的不仅是社会发展轨道的转换，也是战术策略选择的挑战，更是制度体系的大逆转。

苏联、东欧等国家为代表的转型模式，是在国家中央集权下，政府通过"有形之手"

全面控制社会资源配置,以此取代了市场机制、价值规律与供求竞争为背景而全面爆发的"大爆炸"式的激进转型方式,此方式依据新自由主义思想所倡导的交易自由化、企业私有化、贸易与金融自由化、紧缩财政、产权界定、放松管制和政府最小化等主张,以最简单和直接的方式向转型国家显现出市场经济的基本特征,然而政府在转型中的"急流勇退"给国家带来了"灾难性的后果"①,社会秩序被破坏,在缺少制度约束的自由化、私有化运动中,出现了经济动荡和经济滑坡,社会陷入了转型的困境中。经济上,混乱的体制秩序,私有化并未带来高效率;政治上,政府的转型极大地削弱了国家治理与社会控制能力;社会上,贫富差距急剧扩大,维系社会认同的价值观体系瓦解。

中国作为一个社会主义大国,国内经济形势非常复杂,政府的宏观调控作用是经济发展中不可或缺的关键力量,也是在经济发展方向偏离正确轨道后将经济发展方向引向正确道路的最后保障。因此中国的经济转型实行的是渐进市场化,在新旧制度之间建立了过渡的联系,保持了转型期间生产链条的连贯性,始终不放弃政府宏观调控在经济发展中的重要作用,进而确保了过渡期产出平稳增长与市场因素不断壮大。与苏联、东欧国家相比,中国的市场经济体制是在计划经济基础上逐渐确立的,避免了因制度转换造成的真空状态和体制断裂导致的制度崩溃,稳定了宏观经济,从计划经济"无形之手"安全过渡到市场经济"有形之手"。

对中国的发展模式与拉美的发展模式进行对比可以发现,"中国模式"的形成建立在本国国情基础之上,与中国特色的发展道路相适应,在模式构建中并没有完全照搬西方国家的模式。但是回顾拉美模式,其经济发展完全照搬西方新自由主义发展模式,在构建外向型市场中,又完全丧失了国家的主权,对资本主义国家的依赖十分严重,拉美模式过分强调自由至上,而这种自由至上又完全脱离了政府的指导。"中国模式"强调市场机制的调节作用,但是更加注重政府在市场中的调节和干预作用。拉美模式强调经济单纯增长目标,"中国模式"的发展目标则是强调综合发展,其实现政治、经济、社会等方面的可持续发展。

5.2 "中国模式"的同质性分析

所谓"同质性"是指比较各国在转型的道路上,制度、体制、发展方式等具有共性的一般规律,也就是各个社会主义国家在转型中的共性特征。

"中国模式"的转型和世界其他转型国家相对比,在形成的路径、要素和方式上表现出了同质性的特征,分析如下:

---

① [波兰]卡其米耶日·Z·波兹南斯基,《全球化的负面影响:东欧国家的民族资本被剥夺》,佟宪国译,经济管理出版社,2004年。

5.2.1 "中国模式"形成路径的同质性

1. 转型路径选择面对的初始条件方面的同质性。

世界各转型国家的市场经济不发达，经济发展缺少活力，市场在资源配置中没有起到决定性的作用，政府在经济发展过程中具有主导作用，但没有很好地发挥政府正确的指导作用；市场化程度普遍偏低，市场受政府宏观调控等介入程度比较大，经济管制比较紧密，没有达到市场化的标准，没有形成完善的市场竞争机制；法制不健全，政府特别是领导人的意志决定国家的发展方向，缺少民主的决策流程；转型国家都实行计划经济。

2. 在转型的初级阶段，世界各转型国家都采取了投资驱动型的经济增长方式。

20世纪50年代，我国政府制定了以促进重工业发展为主的赶超发展战略，这正是中国投资驱动经济增长的起源。中国重工业优先发展的历史进程中，需要大量的资金进行匹配。根据比较优势理论，中国要获取资金的比较优势，只有通过对要素价格的压制，以及对劳动者收入水平的降低才能得以实现，于是形成了中国投资驱动型经济增长模式中呈现出的"高投入、低工资、低消费"的格局。这种重视重工业，忽视轻工业、农业的发展方式为后来我国经济发展过程中经济发展不平衡、城乡居民收入差距扩大埋下了伏笔。

改革开放以后，赶超发展战略得到进一步的调整和修正，但是投资驱动型的经济增长模式依然没有得到有效的改变，特别是最近几年，这种模式所带来的负面效应依然十分强烈，投资作为拉动经济增长的三大马车之一，在促进国民经济发展中承担着更大的作用。过度投资所产生的负面效应引起以下方面的恶性结果：投资饥渴模式下形成了我国过高的固定资产投资，国家经济增长高度依赖国家大型基础公共设施建设。为加强对此方面投资的管理，政府制定了一系列的宏观调控政策，但是由于缺乏一定的针对性，又陷入了"冷—热"循环的怪圈。在大量过度投资面前，为了满足庞大的生产能力，对我国资源开发过度，形成了掠夺性的开发模式。特别是在当前水、电、煤等资源供给紧张的状况下，资源的掠夺性开发更为严重。当前对外资引进形成了盲目崇拜的现状，地方为了吸引外资，采取各种不当的优惠政策，甚至将外资引进水平与地方绩效直接挂钩。

3. 在转型的初级阶段，世界各转型国家都遵循了新古典经济学范式的路径。

新古典经济学强调自由市场在实现资源有效配置方面的重要作用，其政策主张在当代最具代表性的表述就是"华盛顿共识"，主要涉及宏观经济稳定、开放程度和市场经济等几个重要方面，主要强调财政纪律和公共部门资源配置方式的改革，主张通过降低财政赤字和通货膨胀率稳定国家宏观经济，将政府支出重点转向教育、医疗卫生等收益较高的领域，推动部分公共产品市场化；主张金融部门和贸易部门的自由化，放开政府部门对金融的高压管控，明确财政和金融的区别；主张对汇率、利率和外国投资放松政府管制，让市场决定利率水平，实行利率自由化，允许外国资本进入国内市场，提高国内市场活力；强调国有企业的私有化和保护私人产权，增强国有企业的市场竞争力，提高国有企业的经营效率，形成各经济主体良性竞争的局面，同时注重保护私人产权，调动广大人民的生产积极性和创造性。"华盛顿共识"核心内容就是要自由化、私有化和市场化。

5.2.2 "中国模式"形成要素的同质性

1. 资本形成。

众所周知,在经济增长过程中,资本的要素是至关重要的。中国和其他国家相同,经济转型初期,面临的是资本短缺,资本形成不足,为此通过引进外资来实现对外开放,经济发展所需要的资本主要依靠的是外来资本。随着经济的发展,外来资本已经不能满足我国经济发展的要求,需要通过利用国内储蓄形成资本拉动经济发展。储蓄主要包括家庭储蓄、企业储蓄和政府储蓄,总收入减去总消费等于储蓄,储蓄和劳动的有效结合形成资本,从而实现价值增值。但是在当今市场,随着劳动力成本的不断上升,储蓄和劳动的有效结合形成资本有较大的难度。因此我国通过建造一些大型的基础设施项目使资本处于不断流动的状态,在资本流动过程中实现资本增值,促进资本形成。特别是在 2009 年,中国推出了 4 万亿的政策,这使得过去的几年里,我国的资本流动性不断增大,促进资本不断流动增值,但是这种政策容易造成产能过剩的现象,形成大量低质量的资本。更糟糕的是,产能的过剩还会引发投资效益的不断降低,随之引发的就是各个行业各个领域的资本泡沫以及资产泡沫。这就是中国当前产生的一系列问题,这也迫使中国需要经济方面从旧常态向新常态转型和改革。

2. 劳动力转移。

世界各国经济转型过程中都面临劳动力转移的问题,劳动力转移一方面指的是外来劳动力密集型产业转移,也就是发达国家将本国劳动力密集型产业转移到发展中国家的过程。发达国家国内劳动力成本较高,为了最大限度降低生产成本,该国企业将劳动力密集型产业转移到拥有丰富廉价劳动力的发展中国家,仅将研发和市场等高附加值环节留在国内。在改革开放的初期,由于我国拥有大量的廉价劳动力,这为我国的就业率的上升提供了更多的好处,因此中国也成了世界的工厂。很多的发达国家利用中国的廉价劳动力来拓宽自身的市场。特别是在 2000 年,我国加入了世界贸易组织,这个巨大的机会为我国的经济发展带来了前所未有的契机,随之我国的经济也有了快速的发展,人民的生活水平有了大幅度的提高,但是这也引发了一个问题,那就是随着人们的物质条件越来越好,我国的劳动力成本也在不断地变化。在过去几年里,劳动力成本呈现了不断上升的趋势。用一个简单的例子来说,在 2000 年或者之前,与墨西哥的劳动力成本相比,我国的劳动力成本只是其成本的 60%,但是到如今,我国的劳动力成本已经达到了其的 150%。这就是经济快速发展和人们生活水平不断提高下引发的问题。劳动力转移的另一方面是本国劳动力从不发达地区向发达地区迁移,世界各国经济转型过中,都经历过该阶段。我国在改革开放后,国家制定了优先支持沿海地区的发展战略。沿海地区因此率先成为我国的发达地区,地区经济发展水平高,拥有大量的就业机会。加之户籍制度的放开,中西部地区大量劳动力流向东部地区,为东部地区的发展作出了巨大的贡献。

5.2.3 "中国模式"形成方式的同质性

1. 工业化。

在各国经济转型过程中,率先实施工业化是一个比较显著的特征,尤其体现在"中国模式"与"苏联模式"。片面强调发展重工业是"苏联模式"的重要特征,苏联在第二次世界大战后,为了与美国争夺世界霸权地位,大搞军备竞赛,举全国之力发展重工业,造成了国家农业和轻工业的长期落后,虽然帮助苏联建立了较为先进的工业体系,但是也造成了国内消费品长期不足,农民积极性被大大破坏。"中国模式"形成初期同样强调发展重工业,1949 年中华人民共和国成立之后,我国面临美国等西方帝国主义的军事威胁,迫切需要发展重工业以实现打破资本主义国家垄断,实现国家复兴。因此我国通过农业支持工业发展的方式,优先发展重工业,1957 年我国的工业化发展已经进入正轨,中国形成了较为完善的工业化体系。但是中国工业化与苏联相比,工业化的水平较低,中国的工业化与农业化并存,落后的农村是社会主义的常态,中国二元制结构十分严重,因此中国的工业化属于起步阶段。改革开放以后,通过大力发展工业化,通过乡镇企业的发展推动农村工业化。

2. 城市化、城镇化。

城市化指的是随着一个国家或地区社会生产力的发展、科学技术的进步以及产业结构的调整,其社会由以农业为主的传统乡村型社会向以工业(第二产业)和服务业(第三产业)等非农产业为主的现代城市型社会逐渐转变的历史过程。世界各国经济转型过程中不可避免都经历了城市化的过程,因为在经济转型的过程中,率先发展起来的基本都是城市,这就使得城市具有较高的生活水平和更加丰富的就业机会,农村人口向往城市高质量的生活环境,开始向城市地区转移,这就使得农村人口减少,城市人口增多,最终使得城市经济发展水平更高,以非农产业为主的城市型社会形成。改革开放之前的计划经济阶段,我国城镇人口的年增长数量平均为 500 万人。中国经历了改革开放以后城市化的步伐呈现直线式上升模式,20 世纪 80 年代初期的城镇人口增长速度翻了一番。进入 90 年代以后,我国城市化进入加速阶段,年增长人数达 1500 万人,到 1999 年我国的城市化率已经达到了 25.51%,相比 1976 年提升了近 10 个百分点。进入 21 世纪后,我国城镇化迅速发展,城镇人口平均每年增长人数达 2000 万人,当前中国的城市化发展水平较高,2018 年我国的城市化率已经到达 59.6%,预计 2025 年我国的城市化率将超过 70%。

5.3 "中国模式"的异质性分析

异质性是同质性的对立面,所谓"异质性"是指各国在转型的道路上,结合本国国情，进行制度、体制、发展方式完善和创新，实现差异化的过程。也就是"中国模式"与其他国家模式相比较，主要表现出来的独特特征。"中国模式"的转型和世界其他转型国家相对比，具有独特的异质性特征，分析如下：

5.3.1 "中国模式"初始条件的异质性

1. 市场经济体制需要进一步完善。

我国虽然自20世纪90年代就已经开始建设社会主义市场经济，但是因为我国复杂的国情，使得我国的市场经济体制相较发达国家仍有差距。当前，我国社会主义市场经济发展水平还不高，处于市场化程度较低的阶段，表现为社会主义市场经济秩序的混乱，没有形成完善的良性竞争体系；政府直接干预市场的现象较多，政府在市场监管中的职能还没有得到有效的转变；经济发展水平虽然取得了一定的进步，经济总量虽然较高，但是人均居民收入仍较低，收入差距过大，社会的公平和正义还未完全实现；我国在社会保障体系建设方面还存在很多的不完善，农村社会保障体系仍在建设中，城市社会保障体系有待完善；二元制的城乡结构依然十分严重，城乡居民收入差距大，城乡生活质量有较大差距；市场经济中权力破坏市场公平竞争的现象仍存在，企业中存在较为严重的腐败问题。

2. 法制需要进一步健全。

我国在发展过程中，基本是由封建社会直接跨入社会主义社会，因此在"中国模式"的转型过程中，作为制度基础的法律法规还不健全。在传统社会向现代社会的过渡过程中，法力失效、法律空白问题十分常见。当前法律法规的不健全主要表现为以下几个方面：

首先，我国还未建立起完善的法律法规体系，我国在1949年以前处于遭受帝国主义侵略、国家动荡时期，没有稳定的社会环境发展经济，没有时间精力制定完善的法律法规治理国家。新中国成立后，我国在中国共产党的领导下，迅速发展起来，并制定颁布了一系列法律法规制度。尤其是在1978年改革开放后，历经40年的发展，我国的法律法规体系建设已经取得了不小的成就，但是发展时间较短，仍存在需要完善的地方。其次，先前制定的法律法规，在当前社会主义市场经济情况下已经不适应中国国情的发展。我国很多基本法律都是新中国成立后制定的，在改革开放后也制定了不少的法律。但是进入21世纪后，我国经济迎来快速发展期，因此当前国内国际经济环境已经发生了深刻的变化，很多法律有待重新修订和完善。最后，在监管过程中法律存在的漏洞往往被不法分子所利用。我国现存的法律制度因为制定的时间较早和法律制度的细节有待完善，存在一些漏洞，这给了很多不法分子可乘之机，而且对于这个问题，我国的一些法律和政策也没有完全给出一个合理的应对机制，法律措施中还没有出台对应的一些文件。此外，我国的行政执法机构比较混乱，比如，几个相关的行政管理部门甚至一个管理部门就可以自行组织一支或多支行政执法队伍。更糟糕的是，我国在执法部门中划分的职责权限是十分模糊的，这对有效执法是相当不利的。所以很多的执法机构或者部门为自己的利益而私自成立一些执法的队伍，以期待能够通过收费或者罚款的方式来处理一些违法乱纪的行为。另外，我国的一些立法程序并不是十分健全，考核制度和奖励措施都没有完全的公平和公正，这导致执法缺乏严肃性。

5.3.2 "中国模式"制度变迁方式的异质性

本书所讨论的中国制度变迁指的是中国从传统的计划经济体制向市场经济体制的变迁过程。与其他转型模式相比较，"中国模式"是通过渐进式转型而形成的，在制度变迁方式上具有异质性，具体表现为：

首先，中国改变增量改革方式为存量改革方式。对于这两种不同的改革方式，它们是有不同的定义的。对于增量改革来说，主要指的是不再重新配置那些资产存量，而是不断引入市场机制来配置资产增量，也就是说，增量改革主要依赖于引进原来体制之外的市场机制来增加资源。举个例子，一些农民如果达到了他们需要承担的产量增量义务后，就可以做一些另外的安排，比如分配收益、定位销售、开拓渠道等，也就是国有经济和非国有经济共同发展。这种改革方式无疑是有巨大帮助的。因为增量改革向存量改革过渡的主要原则是不违背原来的体制，所以尝试的方式还是得到支持的。随着不断推进增量改革，就有必要改革体制存量，这种需要就会迫使增量改革过渡到存量改革。举个例子，从1990年开始，中国由增量改革到存量改革就开始进行了。但从商品的价格来看，原本商品的价格基本上是实行价格双轨制的，但是随着市场经济的不断壮大，商品的价格就开始慢慢实行市场调节，同时资源的配置也开始发生了变化，从原来的计划配置逐步地过渡到由市场进行配置，另外我国的国有企业也进行了所有权的改革。这些都反映出了增量改革慢慢向存量改革的过渡。

其次，中国以整体改革代替局部改革。在过去几年里，我国对于制度的改革缺乏一个整体的把握，这主要是由于对信息没有完全的掌握以及对结果没有很好的洞察力。在有限的能力和信息基础上，我国就无法在改革的道路上摸索出正确的方向。之后，虽然我国开始尝试试点改革，但是发现这些试点的地方获得的经验也是非常有限。于是，我国加大试点的范围，先是将试点的重点放在了东南沿海地区，主要原因是这些东南沿海城市具有优越的地理位置以及良好的人力资源和基础设备，这样就可以吸引更多的国外投资并促进商品经济的发展。所以，在这个实施过程中，我国给外资的投入以及国外的商人开放了很多优惠的政策，目的就是让更多的海外商人以及海外华侨在国内投资建设，并且在东南沿海这一带城市，我国还给予当地政府较多的自主权利，这就为当地的市场经济发展创造了更多的有利机会。一旦在这一带试点成功的话，我国政府就可以扩大对其他地方的限制，并不断推进整体性的改革。从改革开放以来，我国经历的制度变迁大体上可以分成三个部分。从改革开放初期开始，我国主要是先开放了广东和福建，并且在深圳和珠海这两个城市率先实行试点。这个阶段到1983年结束了。然后，从1983年起到1988年，我国在原来的基础上，又开放了大连等14个沿海城市，并且将厦门和汕头作为特区，并且后来又开放了闽南、珠江以及长江在内的三个三角洲。之后海南省也在 1987 年成为一个特区。最后，从 1988 年开始，在东部沿海城市试点完之后，我国开始强调东西部协调发展的重要性。所以在 1989 年，邓小平就提出要把东部的发展和西部的发展协调起来，并且在 1992 年，邓小平再次把沿海地区的发展特别是上海的发展放到了一个高度性的位置。接下来，为了促进东西部地区的均衡发展，我国又开始提出西部大开发，并强调将西部以及内地的发展作为战略部署的重点。因此，中国的改革可以说是从局部不断向整体推进的。

5.3.3 "中国模式"转换方式的异质性

中国的模式转换也没有采取激进式的"休克疗法"，而是采取渐进式的"摸着石头过河"，先易后难，先试验后推广，重点突破与整体推进相结合，"双轨"过渡，积极稳妥，循序渐进，这样阻力更小，成本更低，至少到目前为止的实践证明这是更成功的方式。家庭联产承包责任制是我国经济发展过程中非常成功的一项制度，该项制度的实施并不是一帆风顺的，是经过安徽小岗村试验成功后，证明该制度的可行性后循序渐进向全省全国推广。

改革不是可以随意进行的，它需要受到一系列条件的约束。所以要考虑我国需要如何改革，怎么改革，还需要考虑到改革的约束条件。当前的市场来看，我国不能采取激进的方法来实施改革，主要是因为中国经济上的二元性，比如城市和乡村的二元性，地域上的二元性以及组织上的二元性。大体来说，改革的约束条件包括改革的成本和改革的初始条件。对于我国的改革初始条件来说，主要表现在扭曲的经济结构以及缺乏效率的管理机制，这就要求我国必须实施改革，以改革来促进效率的提高和经济结构的改变。对于我国的改革成本来说，大致分为两种改革成本，一种是实施的成本，另一种是摩擦的成本。所谓实施成本，就是在改革过程中搜集、学习新的制度安排、为改变制度而重新签约的改革成本，而所谓摩擦成本，就是在改革过程中因利益冲突而导致的成本损失。用数学上的方式来说，实施成本可以描述为改革激进程度的减函数，而摩擦成本可以描述为改革激进程度的增函数。我国属于改革的进程开始比较早，同时没有顽固保留旧的体制，所以改革的道路应该是渐进式的。

5.3.4 "中国模式"形成过程的异质性

我国在新中国成立后为了集中力量干大事，实行了计划经济体制。而在改革开放后，计划经济体制的弊端逐渐显现，因此我国进行了改革开放，实行社会主义市场经济体制。中国的改革是在基本上消灭了私有化和长期实行计划经济的情况下向市场经济转变的。因而改革过程可以看成是一个双重制度变迁过程。即改革过程中私有化变迁（本书中的"私有化"是指国家对民营经济及私有产权的承认和保护，只在经济和法律意义上使用这一术语）和市场化变迁相互交织、同时发展。一方面，支持民营经济的发展，承认民营经济在经济发展中的重要作用，保护私有产权，进行国有企业的混合制改革，实行以公有制为主体，多种所有制经济共同发展的基本经济制度。另一方面，逐步承认市场在经济发展中的重要作用，发挥市场在资源配置中的重要作用，通过市场价格机制、供求机制、竞争机制形成竞争有序的社会主义市场经济，政府不再直接干预市场，但是政府对经济的宏观调控仍不能缺少，通过宏观调控弥补市场经济的不足。私有化变迁和市场化变迁是我国"中国模式"形成过程中的两条主线，二者的变迁至今还远未完成。

5.4 "中国模式"的价值和意义

5.4.1 实行多元化与多样化的发展方式

"中国模式"没有走极端、搞单一化，而是实行多元化、多样化、混合化。既否定了单一公有化，又没有搞全盘私有化，从而能够发挥多种所有制的优势和作用。

在中国，两个"毫不动摇"和一个"统一"是长期坚持的基本准则。所谓的两个"毫不动摇"，就是我国必须毫不动摇地巩固和发展公有制经济；同时必须毫不动摇地鼓励、支持和引导非公有制经济的发展。那么所谓的一个"统一"，就是我国必须坚持公有制为主体，大力促进非公有制经济的发展，把"公有制经济"与"非公有制"经济有机地结合起来，并统一于社会主义现代化建设的进程中。这样各种所有制的经济发展形式都可以共同发展和相互促进，在竞争中发挥出最大的优势。这是根据我国的生产力发展和基本国情决定的。所以大体来说，我国的经济发展趋势是社会主义市场经济。从我国目前的基本经济制度来看，我国主要是以公有制为主体，即坚持公有经济的基础性地位。在我国，很多的银行以及国有企业都是属于公有经济的范畴。比如在金融行业，很多金融机构都是国有的，也就是说这些机构都是国家控股的。这样，国家就会采取一些措施来调控金融服务行业，以便于更好地来掌控整个金融市场。再如，我国的通信、电力、铁路、石油等行业都是国有的，这些都是关系国计民生的。还有一些像教育、医疗等方面的事业单位，也是在国家国有经济范畴之内的。当前，因为我国能够合理地开创出一条属于自己的道路，这就帮助中国在多次经济危机中少损失了很多。但是在发展公有经济的同时，我国也在一步步承认私有经济在经济发展中的重要作用，私有经济是社会主义市场经济体制的重要组成部分，其在创造就业机会、税后来源等方面具有重要的作用。

准确地说，我国是以公有制经济为主体，多种非公有制经济协调发展的新型经济发展模式，这种发展模式为我国带来了很大的益处。一方面，这种混合的新型经济模式提高了经济发展的动力，并大幅度提升了效率，形成了各种经济体之间的有序良性竞争，形成了优胜劣汰的良好发展局面，并以良性的竞争带动了整个企业乃至整个行业经济的快速发展；另一方面，这种混合的新型经济模式极大提高了企业员工工作的积极性，扩大了居民就业的积极性和灵活性，使整个市场更加具有创造性和积极性。

5.4.2 坚持水平与效率的结合

"中国模式"吸取我国在经济发展中的历史教训，一方面改变了过去方式单一的平均主义倾向严重的分配制度，扩大收入差距，鼓励部分人先富，从而鼓励社会通过积极性和创造性创造个人社会财富。另一方面又强调缩小过大的收入差距，防止贫富悬殊、两极分化，最终要达到共同富裕，公平效率并重，更有利于发展和稳定。

对于我国目前的薪酬分配来说，我国基本上走的是市场型按劳分配的模式，这种模式可以激发人们的潜力，同时可以最大限度地优化配置劳动力资源，并且人们之间的收入差距也合理了。基本上而言，按劳分配采用的是让一部分人先富起来，再带动剩余的人一起富起来。这种社会分配结构是相当合理的。因为这种社会分配结构不仅需要遵循市场性按劳分配的原则和机制，而且也说明了土地、资本、信息、技术等生产要素可以参与分配，这是符合我国当前的市场经济发展和生产力要求的。当多要素参与分配的时候，我国强调了需要提高劳动报酬在初次分配中的比率，主要是要注重中低收入者收入的提高，公司员工的支付保障机制和员工工资正常增长机制的不断完善，以及乡村和城市人民的福利水准和社会保障制度的完善。

5.4.3 市场化与政府宏观管理相结合

"中国模式"吸取我国经济发展中实行计划经济的历史教训，没有继续实施计划经济体制，也没有采用西方国家自由市场经济管理体制，一切市场化、完全自由放任化，而是注重发挥了政府宏观管理的作用，更有利于纠正市场失灵和政府失灵，特别是致力于公共基础设施的大规模建设，为中国经济发展创造了极为有利的条件。

充分利用市场和计划两个手段。抛弃计划经济体制，但不放弃宏观调控，依然利用计划调节手段；推行市场化，但不是完全放任自流。采取各种措施调动地方、企业和劳动者的积极性，让"看得见的手"和"看不见的手"都发挥作用，从而最大限度地纠正市场失灵和弥补政府失灵所带来的不利影响。先后实行了家庭联产承包经营责任制、企业承包制、股份制、分税制等改革措施，充分发挥社会各阶层的主动性、创造性，最大限度地释放生产力。

在资本主义国家，"强市场"和"弱政府"是其倡导的模式，而在苏联，"弱市场"和"强政府"是其倡导的模式，但在中国，"强政府"和"强市场"是我们倡导的主要模式，这是一种"双强"发展模式。改革开放以来，我国的政府依然在市场经济中扮演了一个强大的角色，政府时刻保持对经济运行的监管，并在适当时机对经济进行必要的宏观调控。同时随着市场经济的运营，我国的经济体制得到了自由、竞争、开放的发展，整个市场充满了活力。"中国模式"强调政府和市场共同发挥其应有的作用，促进了我国经济的健康发展，使我国加快了民主化的进程和经济的快速腾飞。

我国之所以实施"强政府"和"强市场"的"双强"发展模式，是借鉴了我国和世界大国的经济发展的历史经验。资本主义国家的发展历史已经证明，虽然市场的运行是有规律可循的，但是，不得不承认的是市场也有其本身特有的盲目性和无序性，因此在发展市场经济的同时，不能盲目地依赖市场自身的调节功能，这也需要政府在其中起到组织和管理的作用。因此，政府需要加强基础设施的建设，并不断完善投资和经济建设环境，这对市场经济的协调和有序发展是有巨大帮助的。与其他国家的小市场大政府或者大市场小政府相比，我国依然采用的是大政府和大市场的"双强"模式。这是中国结合自身实际情况，成功探索出来的社会主义市场经济道路。

5.4.4 在实行对外开放的同时，并没有放弃对本国企业、产业、经济必要的合理的保护

"中国模式"是在借鉴本国历史经验和资本主义国家经济发展的历史教训后选择的适合我国国情的经济发展模式，一方面充分吸取我国历史上"闭关锁国"的教训，在1978年后坚定实施了改革开放的战略，吸引外国优秀企业来我国投资，借此学习外国先进的科学技术和管理经验。另一方面保护本国企业和产业，在金融、军事等核心关键领域对外资的进入进行限制，在医疗、教育、汽车等领域鼓励本国企业的发展。

从经济理论上来说，我国的做法是结合我国国情开拓一条有中国特色的发展道路。因为无论是与亚当·斯密的自由贸易主义理论相比，还是和弗里德里希·李斯特的幼稚产业保护理论相比较，我国的做法还是与这些理论有差异的。此外，无论与韩国和日本的吸取自由贸易利益相比，还是与东南亚国家倡导的封闭本国市场的资本主义模式相比，我国的做法又是与之截然不同的。目前，我国开拓的有中国特色的发展道路是基于上述亚当·斯密的自由贸易主义理论和弗里德里希·李斯特的幼稚产业保护理论中的优点，并巧妙结合了资本主义模式，不仅实施对外开放来吸引外资，并且适当地保护一些特定的产业。通过这样的方法，我国慢慢摸索出了自己的一条道路，这是一种全新的发展模式，对于我国的长期发展，缩短与其他国家发展水平的差距是极为有帮助的。

5.4.5 既充分利用国外的资本、资源、先进技术和管理方法，又减少对外国的依赖，促进本国企业和产业的发展，维护本国的经济安全

改革开放初期，经济增长所需要的大量资本单靠国内远远不能满足，而且我国经过多年的战争期和新中国成立后经济建设中的错误道路后，已经与发达国家经济拉开了很大的差距。因此我国必须采取对外开放的发展模式，因为只有对外开放而不是自我保守，我国才可以不断吸收国外的先进知识和技术，以及一些先进的现代管理方法，使我国在最短的时间内缩小与发达国家的差距。基于对外开放的国家战略，我国慢慢地实行渐进式的对外

开放，开放地区由点到线，由线及面，形成了全方位、多层次、宽领域的对外开放格局，今天我国已经成为当今世界的第一大进出口国。同时随着我国经济不断向前发展和经济结构的调整，外商直接投资所带来的经济增长动力已经越来越小，"走出去"是推动我国经济再次增长的重要战略，通过在发达国家投资建厂，能够直接利用发达国家优秀的人才和管理经验，并将其通过各种方式带回国内，促进我国经济结构的优化升级。近年来，华为、海尔、吉利等我国大型跨国企业已经在国际市场上具有一定的影响力，未来我国将鼓励更多有能力的企业走出去。随着我国对外投资的增多，我国慢慢地变成了一个重要的对外投资国，通过对外投资促进我国经济健康发展。

同时，利用我国劳动力丰富且廉价的优势，大力发展劳动密集型优势产业，有效地推动本国经济的发展，增强我国在国际市场上的影响力。如今，"中国制造"的商品行销世界各地，2008年由美国次贷危机引发的世界金融危机，更使中国成为全球经济发展不可或缺的国家之一。但是随着我国人口红利的消失，我国劳动力密集型产业的优势将逐步褪去，而且劳动力密集型产业的经济附加值低，在全球产业链中的优势不明显。未来，我国要通过大力支持自主创新，发展高端制造业、服务业等附加值高的产业来保护本国经济安全，减少对发达国家的经济依赖。近年来"中兴芯片禁售"事件再次证明我国在一些高端制造业领域对发达国家具有较高的依赖性，一旦发达国家通过限制这些领域来对我国进行经济打击，我国的经济就会受到较大的影响。

第6章

中国"体制模式"转型

体制转型是"中国模式"转型的核心,下面笔者将结合中国"体制模式"转型的进程,梳理政府在中国"体制模式"转型中对社会主义市场经济制度的完善,定量评价中国"体制模式"转型的绩效,梳理其中存在的问题,进而提出体制转型的路径。

6.1 中国"体制模式"转型的进程

中国进行"体制模式"转型的一个重要目的就是用市场经济体制取代计划经济体制,从根本上讲,就是通过市场有效竞争实现资源的优化配置的方法,改变在传统计划经济体制中市场面临的扭曲的激励机制。转变经济运行的机制主要分为国内经济运行机制的转变和对外经济运行机制的转变两种。

6.1.1 国内经济运行机制的转变进程

中国国内经济运行机制的转变主要是围绕着价格体制的转变而展开的。中国的价格体制改革遵循的是渐进式道路。从1978年改革开放开始到现在已经走过了40多年的历程,以1992年邓小平南方谈话中所提到的体制质变为界限,可将转变的进程分为两部分,前半部分是突破旧的经济体制,后半部分是建立起新的经济体制,在此过程中,可将价格体制的转变历程分为六个阶段。

第一阶段到第四阶段为价格体制改革的前半部分,时间是1979—1991年,此阶段的主要任务是突破旧的经济体制,使市场经济体制由最早是计划经济体制的补充逐步发展为与计划经济体制相结合共同发挥作用。

第一阶段(1979—1980年):改善旧的价格体制的尝试阶段。在1978年以前,中国的商品和劳务的价格全部由政府决定,许多商品和劳务的价格长期没有改变。在1978年中国共产党召开的十一届三中全会上,首次提出了要尊重价值规律,缩小工农产品价格的不合理差距,同时提出一系列重大经济调整政策。但此阶段对产品价格的调整是在尚未认清整个价格体系和体制僵化的情况下进行的，只是对旧的价格体系中存在的明显缺陷进行了一些局部的修补。

第二阶段（1981—1984年）：以"调"为主，"调""放"相结合。从1981年起，中国政府决定对价格进行系统调整，在局部的经济增量范围内引入市场价格机制。但此阶段，改革的目标模式仍是"计划调节为主，市场调节为辅"，经济调节机制中政府的定价行为仍处于主体地位。

第三阶段（1985—1986年）：以"放"为主，"放""调"相结合。1984年，党的十二届三中全会出台了《关于经济体制改革的决定》，指出："价格体系的改革是整个经济体制改革成败的关键，而价格体系不合理与价格管理体制不合理密切相关。在调整价格时，必须改革过分集中的价格管理体制，逐步缩小国家统一定价的范围，适当扩大有一定幅度的浮动价格和自由价格的范围，使价格能够比较灵敏地反映社会劳动生产率和市场供求关系的变化，比较好地符合国民经济发展的需要。"在《决定》的基础上，自1985年开始，价格放开成为价格体系改革的基本方式，随后的价格调整项目越来越少，同时"价格双轨制"地位确立，市场机制迅速在各个领域和部门逐渐形成。

第四阶段（1987—1991年）：双重机制持续并行。在这一段时期内，经济体制总体格局没有重大的变动，政府也没有推行大的价格改革措施，在国民经济的各个行业中，"价格双轨制"得到了普及。

第五阶段到第六阶段为价格体制改革的后半部分，时间是1992年至今，此阶段的主要任务是建立起新的经济体制，市场经济体制由"半壁江山"跃居成为主体地位，整个价格体制发生根本性变化。

第五阶段（1992—1993年）：市场经济体制跃居成为主体地位。1992年，国家物价局修订并颁布了新的《价格管理目录》，社会主义市场经济体制在邓小平南方谈话后成为国家经济体制改革的目标，价格管制得到解除，市场经济体制的主体地位进一步得到确立。

第六阶段（1994年至今）：价格管理规范化与法制化的探索。此阶段中国的价格体制已经发生了根本性的变化，同时政府管理和调控所存在的问题与不足在商品价格放开之后也逐渐显现，那么，在不破坏市场经济体制的前提下，如何进行政府管理与调控，使其在控制供求波动方面充分发挥作用成为亟待解决的突出问题。这一进程还在不断的探索实践中。

综上所述，中国国内经济运行机制的转变就是价格体制转变的过程，中国价格改革的特色就是双轨制模式，这是一种典型的局部自由化方案，传统的计划合约仍然保留在国有部门，受计划控制的这部分产出仍然按比较低的计划价格进行交易，而超出计划控制的剩余产出部分则在国有生产者与国有购买者和非国有购买者之间以市场价格进行交易。在双轨制模式下，计划轨的价格和产出保持不变，这样就避免了价格短期内暴涨和产出的缩减，而市场轨的发展壮大又改善了资源的配置，增加了产出，在这两轨的双重作用下，为最终的并轨创造了条件。

6.1.2 对外经济运行机制的转变进程

中国的对外经济运行机制主要是围绕对外开放和外贸体制改革两个方面展开的。

1. 对外开放。

对外开放政策一直是中国经济改革以来的基本国策。改革与开放两者关系密切，相辅相成。中国从一个封闭半封闭型的经济转向为一个开放型的经济必然要经历一场深刻的改革，而对外开放又能对改革的深化起到推动作用，中国的对外开放是一个渐进铺开的过程，是一个在探索中逐步开拓的过程。

2. 外贸体制改革。

中国经济体制改革的目标是建立社会主义市场经济体制，中国的外贸体制改革的目标自然要遵循"渐进改革"的逻辑，相对应地要建立一个适应社会主义市场经济发展的，与国际经济接轨的对外经济贸易运行机制。

6.2 政府在中国"体制模式"转型中对社会主义市场经济制度的完善

6.2.1 经济转型从政策驱动阶段到强化制度完善阶段

20世纪90年代初期，中国的经济转型主要是实施了一系列关键性的经济政策，为经济的整体转型打开突破口，试图改变计划经济体制所带来的各种结构失衡状态。在这个时候中国的经济转型主要是政策驱动带来的，然而伴随着经济转型的深入开展，强化制度的构建日益成为中国转型的重点。

中国的渐进式改革有一个特点就是通过局部的实验来发现有效的制度安排，由政府加以推广，同时中国还依据自己的国情创造出了一个介于计划经济体制和市场经济体制之间的"过渡性制度安排"①，如双轨制等。也正是因为局部实验和制度创新双重并进的过程，才使得中国在建立新的体制的同时没有废除掉旧的体制，从而很好地避免了因缺乏制度支持而造成的经济下滑，最终使得中国的经济在稳步推进市场经济化进程的同时保持了经济的高速增长。

综上所述，这一阶段的中国"体制模式"转型是一个逐渐由经济转型的早期政策驱动阶段转入到一个强化制度完善的阶段，这一阶段的主要目标是通过深入、强化制度的构建来创建一个完善的、运行有效的市场经济体制，并促进经济的可持续发展。

---

① 周冰：《有限理性与过渡性制度安排》，《天津社会科学》，2001年第3期。

6.2.2　经济转型过程中市场经济制度完善的基本内容

在中国经济转型由早期政策驱动阶段转入到一个强化制度完善的阶段后，中国需要在深入、强化的制度完善基础上创建有效运转的市场经济体制并促进社会经济的可持续发展。在市场经济体制制度完善的主要内容当中，经济转型过程中的产权制度变革、市场竞争体制完善和国家治理模式重构这三方面相互支撑，共同构建现代市场经济体制的制度基础。

1. 经济转型过程中的产权制度变革。

中国的产权制度变革主要涉及非国有经济的发展、国有企业的私有化和股份制改造、企业重组与公司治理机构重构、产权保护制度体系的建设等众多领域。中国虽没有采取激进的私有化战略，但是通过对国有部门的产权改造以及鼓励和支持对非国有部门的扶持，已初步建立起以公有制为主体的多元混合所有制结构，并在此基础上把创建现代产权制度作为深化产权制度改革的一个重要目标。但中国在促进企业重组、创建有效的公司治理机制、建立强有力的产权保护制度体系方面还存在众多的不足之处，这些问题在很大程度上影响了中国的经济转型绩效。

2. 经济转型过程中的市场竞争体制完善。

中国的市场竞争体制完善主要涉及市场竞争主体重构、价格自由化、贸易自由化和支持市场竞争的法律和规章的建设。中国采取渐进、连续的市场化改革政策，促进了多元化市场参与主体的出现和资源的有效配置，建立起了比较有效的市场竞争体制，但政府对市场的调控还占有很大一部分比重。

3. 经济转型过程中的国家治理模式重构。

从比较制度分析的角度来看，国家是政府和公民进行重复博弈所形成的"多重稳定均衡"[①]。中国伴随着市场化进程的不断深入和推进，政府和公民之间的博弈过程也在发生着调整，这些变化从长期来看，促进了中国的国家治理模式转变。

上述三个方面的制度完善之间存在着紧密的互补性关系。首先，产权制度变革与市场竞争体制完善相结合，共同创造了富有竞争力的微观经济主体，形成了有效的交易制度，促进了资源的有效配置；其次，产权制度和市场竞争体制的完善又加入到政府和公民的博弈所形成的国家治理模式之中，政府和公民行为模式的进一步调和和规范推进了产权制度的完善和市场竞争秩序的改进；最后，产权制度和市场竞争体制的发育又促进了权利、资源和利益在政府、公民、社会不同集团之间的不断配置，从而影响政府和公民重复博弈行为的策略选择，最终影响博弈的稳定均衡模式——国家治理模式。由此可见，经济转型过程中的产权制度变革、市场竞争体制完善和国家治理模式重构这三方面相互支撑，共同构建了现代市场经济体制的制度基础。

---

① ［日］青木昌彦：《比较制度分析》，上海远东出版社，2001年，第156页。

6.2.3 经济转型过程中市场经济制度完善的基本效果及启示

首先，坚持改革的市场化方向，保持改革政策的连续性，是建立有效竞争的市场经济体制的基本前提。坚定不移地推动技术创新，不断总结创新发展的经验教训，切实巩固和深化改革创新成果，积极稳妥地将技术创新发展引向深入。

其次，建立有效竞争的市场经济体制需要将发展非国有部门与改革国有部门相结合，其中特别要注重采取"激励与约束"并重[①]的改革政策。

再次，在开放经济的同时注意促进和发展本国的民族产业。中国政府在推广民族品牌的同时，政府、企业、民众要形成合力，积极倡导、宣传民族品牌意识，真正让民族品牌扎根国人心中。在产业全球化趋势日渐深化的形势下，应重建民族产业体系。

最后，需要进一步完善整体的商业环境，为市场竞争的有效展开创造良好的条件。

6.3 中国"体制模式"转型的绩效分析

6.3.1 中国"体制模式"转型绩效的概念

中国"体制模式"转型绩效可以从体制转型绩效进行衡量。"体制模式"转型绩效可以看作是制度创新的主体进行体制转型所承担的经济补偿，由于中国"体制模式"转型的实施主体是国家行政部门，因此，"体制模式"转型绩效可以定义为："国家行政部门进行制度创新（制度变迁）中，约束中国市场经济运行所带来的规模经济效益和正外部性。"

6.3.2 中国"体制模式"转型绩效的内容

中国"体制模式"转型绩效集中表现为中国从计划经济体制到社会主义市场经济体制变迁中的制度积累效应。"体制模式"转型绩效的内容首先表现为市场扩大化程度，即为中国非公有制度融入市场的规划（参见图 6-1、图 6-2）；其次表现为政府控制理性化，即国家宏观调控向理想方面转化，在市场领域发挥市场的资源配置作用，减少和防止政府过度干预（参见图 6-3）；最后表现为商品价格自由化，即发挥价格在市场中的杠杆作用，减少价格管制。

---

① World Bank. Transition—The First Ten Years: Analysis and Lessons for Eastern Europe and the Former Soviet Union, Washington D. C., 2002.

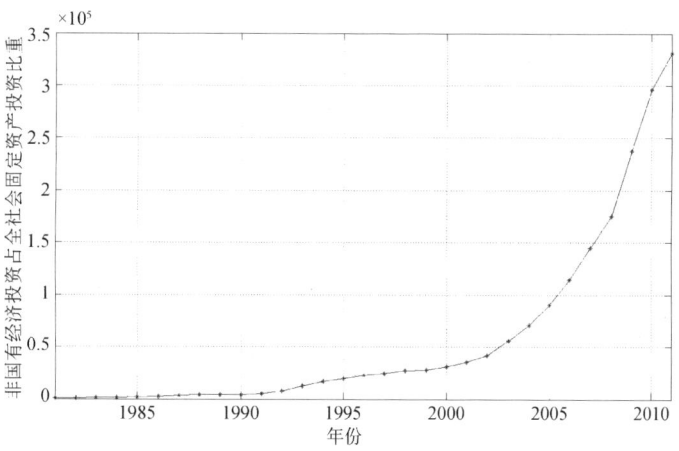

图 6-1　非国有经济投资占全社会固定资产投资比重

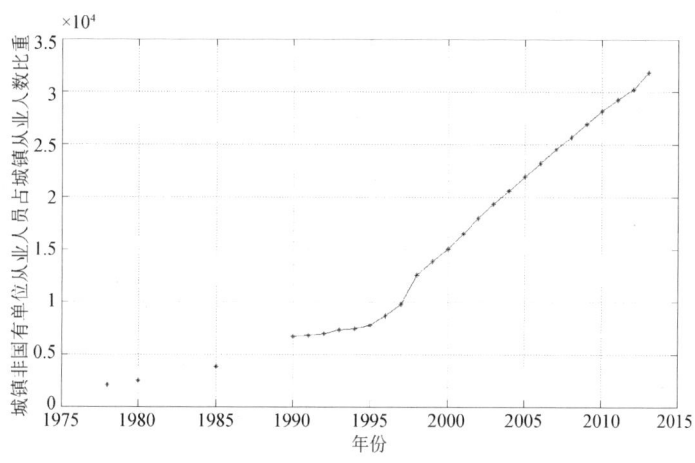

图 6-2　城镇非国有单位从业人员占城镇从业人数比重

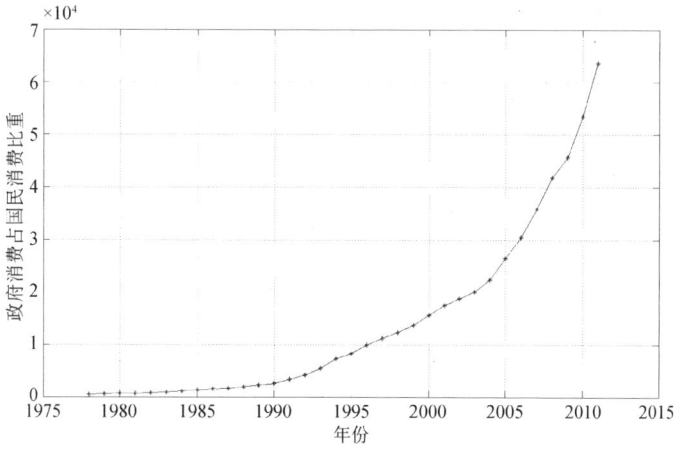

图 6-3　政府消费占国民消费比重（亿元）

因此，在衡量中国"体制模式"转型绩效时，非公有制经济成为市场竞争的重要主体，表明市场扩大化程度越高，"体制模式"转型的收益就越高；政府由直接宏观调控转向间接宏观调控的程度越高，政府控制的理性化程度越高，中国"体制模式"转型绩效就越高；发挥价格在市场中的杠杆作用，商品价格管制程度越低，即商品价格自由化程度越高，中国"体制模式"转型收益就越高。

中国"体制模式"转型绩效的内容构建了中国"体制模式"转型绩效的指标体系，如表6-1所示。

表6-1 中国"体制模式"转型绩效指标体系

系统层	状态层	要素层	要素属性
体制转型绩效（F1）	市场扩大化（G1）	规模以上国有及非国有企业增加值中非国有企业所占比重（H1）	正
		非国有经济投资占全社会固定资产投资比重（H2）	正
		外方注册资金占外商投资企业总注册资金的比重（H3）	正
		城镇非国有单位从业人员占城镇从业人数比重（H4）	正
	政府控制理性化（G2）	政府消费占国民消费的比重（H5）	逆
		政府资本转移占政府总储蓄的比例（H6）	逆
		政府转移支付和政府补贴及GDP比率（H7）	逆
	商品价格自由化（G3）	消费品零售总额中市场定价的比重（H8）	正
		生产资料销售总额中市场定价的比重（H9）	正

6.4　中国"体制模式"转型的问题

早期，中国实行计划经济，社会主义市场经济体制脱胎于之上，社会主义市场经济体制从建立到完善用了几十年发展历程，但是由于面临结构升级和经济发展方式转型的双重任务，加之中国人口基数大、社会生产力水平低的基本国情，社会主义市场经济体制还面临多种问题，主要表现如下：

首先，国有企业改革还处于滞后水平。当下中国实行以公有制为基础，多种经济成分共同发展的基本经济制度，在公有制经济中占据主体地位的国有企业，目前为止还未能充分发挥其主要作用和核心优势。国有企业发展的积极性和主动性不足，竞争实力偏弱，国有企业产权模糊、国有资产流失以及管理腐败问题不断，虽然中国进行了国有企业的改革，但是现代企业制度改革中仍然存在"流入形式"的重要问题，国有企业现代企业制度改革的成效不足。

其次，社会主义市场经济体制发展中还缺乏一个统一、开放、竞争、有序的发展环境，市场体系是市场经济体制有效运行的重要保证，社会主义市场经济的良好发展需要构建一个完善的要素市场和完善的市场价格机制。但是目前中国社会主义市场经济体制发展还未能形成良好的市场秩序，市场分割、垄断问题不断。要素市场受到"双轨制"的影响造成要素未能合理流动，生产要素的市场"寻租"行为比较常见。

最后，在市场的宏观调控领域，地方保护主义严重，国家利益、地方利益和部分利益的冲突问题十分常见，受到利益冲突的影响，宏观调控的政策实施效果不是十分理想，政策从上到下的实施效果大打折扣，地方财政收入问题矛盾重重，地方财政收入不平衡，政府成为各种融资主体进行社会融资，承担较高的债务率，很多政府通过土地拍卖增加财政收入，导致房价虚高，国内消费需求不足，经济增长动力不足。

6.5 中国"体制模式"进一步转型的路径

1. 加强对社会主义市场经济条件下人的本性的研究，建立科学有用的人本假设理论。

人本假设就是要将人作为经济发展的最重要资源，把人的管理作为一切工作的出发点和落脚点，尊重人，保护人，激发人的工作积极性和主动性。由于缺乏社会主义市场经济条件下人的本性的研究，所以对于"市场经济条件下思想道德体系如何建立""企业经营机制如何转变"以及"广大人民群众的积极性和创造性如何调动"等问题存在脱离实际的情况，这导致我国社会主义市场经济建设走了很多弯路。因此，要建立科学有用的人本假设理论，树立正确的公私观，解放思想，实事求是，进一步建立和完善社会主义市场经济体制。

2. 切实贯彻中共十八大和十八届三中全会的重要思想，全面深化经济体制改革。

2012年中共十八大和十八届三中全会吹响了"推进重要领域改革"的号角。政治层面包括全面推进依法治国，"加快推进社会主义民主政治的制度化"，"实现国家各项工作的法治化"；经济层面包括"处理好政府和市场的关系"，在资源配置方面要"大幅度减少政府对资源的直接配置，推动资源配置依据市场规则、市场价格、市场竞争，实现效益最大化和效率最优化"，另外，对于建立现代市场体系方面提出的加快形成"企业自主经营、公平竞争，消费者自由选择、自主消费，商品要素自由流动、平等交换的现代市场体系"等。

目前在中国，"从规模速度型粗放增长转向质量效益型集约增长"和"从高速增长转向中高速乃至中速增长"是经济发展新常态下经济转型的两个基本特征，前者目前还未完成，需要进一步努力实现。确立新常态的主要条件是要提高效率，改善架构，实现经济发展方式的转型。目前，全面深化改革是新常态下经济转型的重中之重。

3. 推进机构改革，转变政府职能，进一步建立和完善社会主义市场经济体制。

长期以来政府在我国经济体制建设中占据主导地位，这大大影响了市场在资源配置中的作用，降低了社会生产效率，影响了我国经济的健康发展。加入WTO后，我国开始正视政府和市场的关系问题，提出转变政府职能，建设服务型政府，也就是政府从原来的注重经济发展转向公共服务。中国经济体制改革的目标是建立社会主义市场经济体制,让市场在资源配置中起主导作用,中心环节是国有企业改革,建立公平有序的市场竞争体系,策略是从农村到城市。随着经济体制改革的不断深入,政府职能转变和机构改革的呼声越来越高,也越来越迫切,已经成为建立社会主义市场经济体制的关键环节。

第 7 章

中国"结构模式"转型

结构转型是"中国模式"转型的关键,本章对中国"结构模式"转型的内涵和内容进行界定,探索中国"结构模式"转型中存在的问题和原因,进而提出结构转型的路径。

7.1 中国"结构模式"转型的内涵和内容

7.1.1 中国"结构模式"转型的内涵

"结构模式"转型主要是针对"结构失衡"而进行的经济结构调整,中国"结构模式"转型绩效可定义为,中国经济结构调整过程中效率的改进。经济结构调整是"中国模式"转型的关键,决定"中国模式"转型的成败。中国经济发展过程中,"结构失衡"问题是十分普遍的现状,其处理的成效也是政府考虑的核心,改善生产关系中不适合中国生产力发展的落后因素,促进中国经济的发展。

7.1.2 中国"结构模式"转型的内容

当前中国的经济特征表现为发展、转型和失衡,其中最显著的特征就是全面的结构失衡。自改革开放以来,中国的经济一直在均衡与失衡之间不断地调节,此间共经历了三个阶段:1998 年以前,总量失衡,需求大于供给;1998 年以后,供给大于需求;2009 年全球金融危机以来,外部需求减少,经济增速放缓,出现了经济结构的全面失衡。

目前中国经济的发展阶段面临着"中等收入陷阱"的困扰,它的存在使中国的经济出现了全面结构失衡的状态,因此,未来的中国"结构模式"转型实质上就是针对"结构失衡"而进行的经济结构调整,并通过研究中国经济全面失衡的新特点,努力解决经济结构全面失衡这个问题。

中国"结构模式"主要包含三个核心部分:二元结构转化、产业结构优化、城市发展结构。这三个结构也是"中国模式"转型中最为主要的核心部分,因此,本书在描述中国"结构模式"转型绩效时主要采用三个指标:二元结构转化收益、产业结构优化收益、城市发展收益。

衡量中国"结构模式"转型绩效时,二元制结构转化程度越高,中国"结构模式"转型绩效越高(参见图7-1);产业结构优化程度越高,产业发展越协调,中国"结构模式"转型绩效越高(参见图7-2、图7-3);城市发展程度越高,城乡差距越小,中国"结构模式"转型绩效越高(参见图7-4、图7-5)。

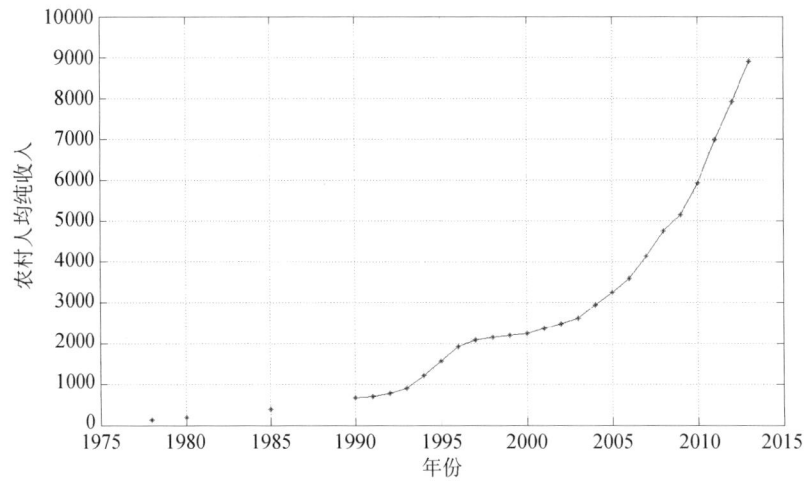

图 7-1 农村人均纯收入增长率(元)

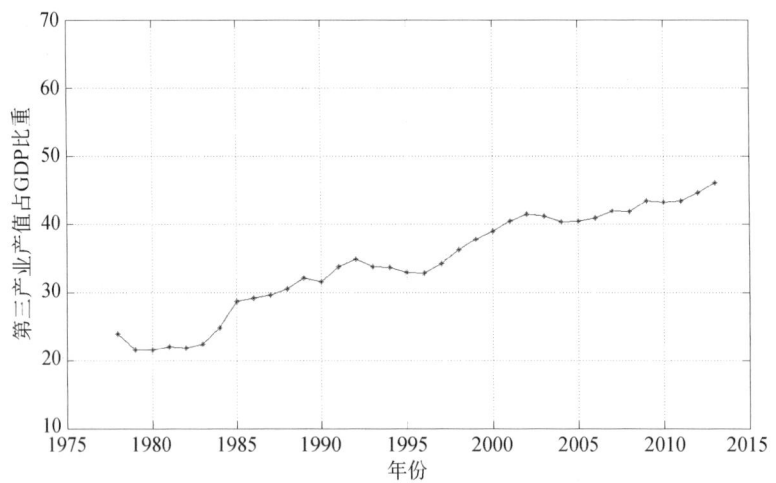

图 7-2 第三产业产值占 GDP 比重

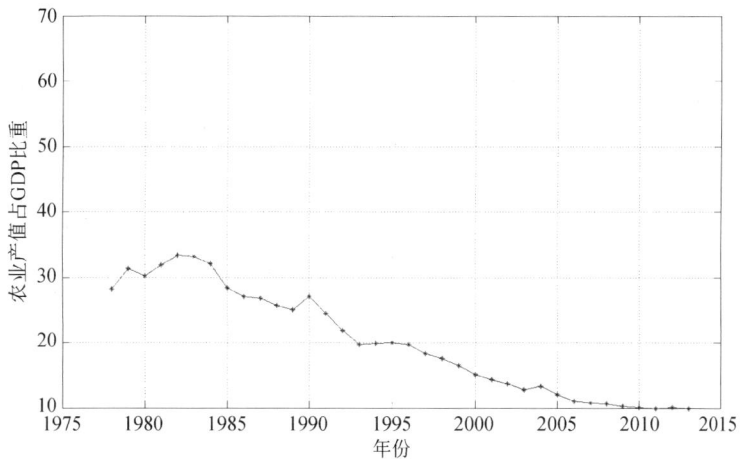

图 7-3　农业产值占 GDP 比重

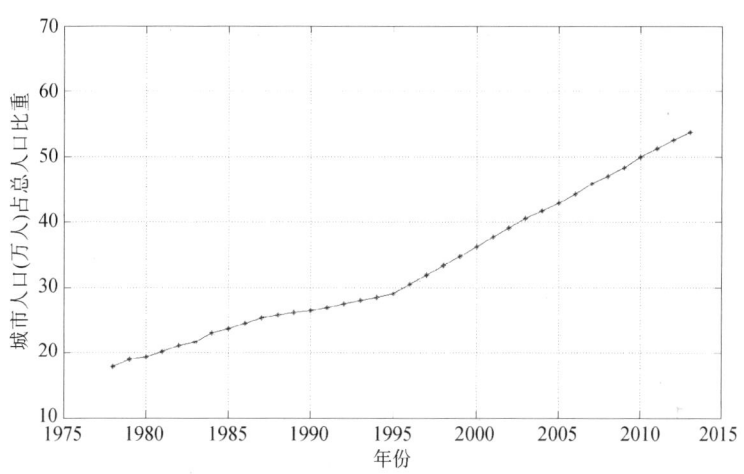

图 7-4　城市人口（万人）占总人口比重

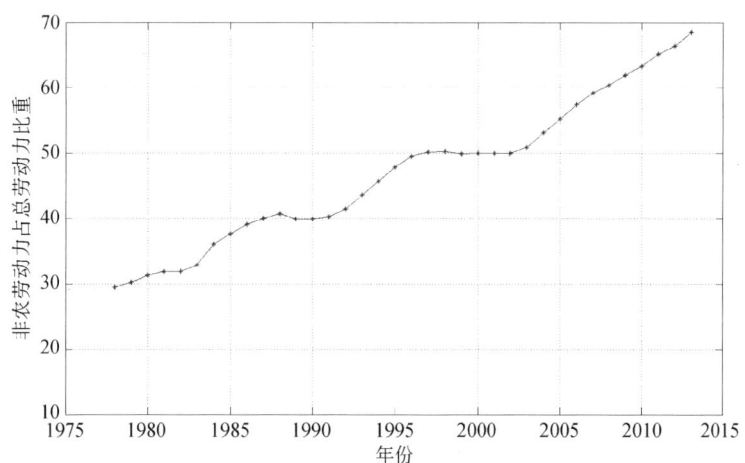

图 7-5　非农劳动力占总劳动力比重

根据中国"结构模式"转型绩效的内容构建中国"结构模式"转型绩效的指标体系，如表 7-1 所示。

表 7-1　　　　　　　　中国"结构模式"转型绩效的指标体系

系统层	状态层	要素层	要素属性
结构转型绩效（F2）	二元结构转化（G4）	农村人均纯收入增长率（H10）	正
		农业劳动力占总劳动人口比重（H11）	逆
	产业结构优化（G5）	第三产业产值占 GDP 比重（H12）	正
		信息产业增加值占 GDP 比重（H13）	正
		农业产值占 GDP 比重（H14）	逆
	城市发展（G6）	城市人口占总人口比重（H15）	正
		非农劳动力占总劳动力比重（H16）	正

7.2　中国"结构模式"转型的现状和问题

7.2.1　中国"结构模式"转型的现状

尽管我国当前的经济有了较快的发展，但还是存在一系列的问题。其中一个主要的问题就是当前的经济结构不合理。这也让我国的经济不能得到快速发展。其主要导致的结果是不和谐的供给结构、失衡的需求结构、下降的利用效率、污染的环境等。所以，经济结构的调整是很有必要的。总体来说，我国当前经济结构的不合理主要表现在四个方面。第一方面，经济结构中的需求结构不协调。这主要表现在投资和消费，以及外需和内需之间失去了平衡。第二方面，经济结构中的产业结构不协调。这主要表现在薄弱的农业基础、落后的服务业和工业，甚至一部分行业出现了产能过剩。第三方面，经济结构中的城乡和区域结构不合理。这种不合理主要表现在城市和乡村之间的基本公共服务和生活水平相差很大，东部和西部地区经济发展的差距较大等。这些都导致了城镇化的发展在我国相当缓慢。第四方面，经济结构中的要素投入结构不合理。主要的原因是较高的资源消耗、较大的环境压力、较多的资源环境约束。

我国的经济需要转型，这是迫在眉睫的事情。经济的转型需要以调整结构和扩大内需为宗旨，在扩大国内市场的同时，我国还需要不断扩大国外市场的需求。此外，我国需要不断开发利用新的清洁能源，并且调整升级新的产业结构。对于旧的传统的经济增长方式，必须要坚决地摒弃。我国不应该过度地依赖于自然资源和要素的投入，相反的是，我国应该依赖于提高资源配置的效率，这就可以快速实现传统经济增长方式向现代经济增长方式的过渡，从而实现经济的可持续发展。

从当前的形势来看，中国的经济发展处于不断演化的过程中。新常态是我国经济发展过渡的必然趋势，这是今后的一个经济发展大方向。所以，我国的经济增长方式也在发生变化，从粗放型的规模经济增长方式过渡到集约型的效率经济增长方式，同时我国经济发展追求在分工方面的更加合理化、形态方面的复杂化、经济结构的高级化，并且我国的经济结构正在从增量扩能为主过渡到调整存量、做优增量并存的深度调整，我国的经济发展的动力也从传统增长点过渡到了新的经济增长点。

7.2.2 中国"结构模式"转型的问题

1. 二元经济结构失衡。

受到历史原因的影响，新中国成立以后中国经济实行赶超的工业化发展战略，该发展战略要求"农业发展服务于工业发展，农村发展服务与城市发展，农民为国家积累财富"，因此，工业化发展战略的核心是优先发展工业。该战略严重忽视了中国农业和农村的发展，尽管在当时历史背景下，工业化赶超战略促进了新中国工业化道路的发展，加快了中国现代化步伐，但是不可避免的是造成了城乡二元制经济结构，主要表现以下三个方面：

第一，城乡户籍壁垒。1958 年，新中国实施《中华人民共和国户口登记条例》，根据该条例严禁农村人口向城市流动，户口迁移制度的形成造就了城乡户籍壁垒的存在。改革以后，实施暂住证则是这种户籍壁垒存在的印证，也是弱化城乡户籍壁垒的重要手段。城市户籍壁垒现状已经被逐渐打破，2014 年国务院出台《关于进一步推进户籍制度改革的意见》，明确提出取消农业户口与非农业户口性质区分等户口类型，统一登记为居民户口，这大大推动了我国的户籍制度改革，有利于我国城镇化的加快发展。

第二，城乡资源配置的不公平。改革以前，中国社会资源配置属于行政配置，而不是由市场配置，行政配置过程中促生了城乡资源配置不均衡问题，重要的生产性要素向城市倾斜，例如教育资金投入、公共设施配置等，国家行政配置更多的将资源投向了城市，对农村的投入不断缩减，城乡资源投资差距拉大，农村投入更多转向由农民承担，城乡资源配置不公平现象严重。城乡资源不匹配导致大量农村人口流向城市，虽然促进了城市经济发展，但也造成了我国农村地区比较严重的社会问题。目前我国农村地区养老问题、留守儿童教育问题已经成为我国亟待解决的重要社会问题。

第三，城乡社会保障的失衡。当前国家城市社会保障覆盖面广、建设完善，包含养老保险、医疗保险、失业保险、救济保险和各类补助等。国家每年投入的城市社会保障资金高达千亿元，但是针对农村，国家社会保障发展则十分缓慢，尽管近几年中国开始重视新农村建设，加强对"三农"问题的重视，但是城乡差距问题历史久远，短时间内，很难实现农村地区向城市地区的赶超，城乡二元制结构依然十分突出。

2. 产业结构失衡。

产业结构失衡主要体现在以下方面：

第一，生产结构不合理。目前的生产结构存在的突出问题是企业素质不高，生产活动消耗高、成本高，但效益低下；同时也存在结构性、地区性生产过剩的问题，不能很好适应国际、国内市场需求的变化。我国目前生产和出口的产品都是劳动密集型产品，中高端工业制造品较少，随着我国人口红利的褪去，我国目前的生产结构需要尽快作出调整。

第二，技术结构不合理。技术结构存在科研与产业分离、科技成果大量闲置、技术商业化能力低下的问题，这是长期以来产学研分离，科研体制缺乏成本约束和效益激励的结果。发达国家技术创新对经济增长的贡献率达到了70%~80%，科技成果可以与经济发展有机融合，而我国目前科技成果对经济增长的贡献率还不足30%，高校与科研院所大量科技成果闲置流失，科研成果的市场化比例极低，导致产业技术进步缓慢。

第三，组织结构不合理。目前国内大、中、小企业普遍追求"大而全"和"小而全"，企业规模不合理，相互之间缺乏优化组合与有效的分工合作，这是产业组织结构不合理的突出问题。例如汽车工业规模普遍偏小，资源欠缺导致不能形成有效的竞争力；反而造纸、洗衣机等企业规模又普遍偏大，据统计，这两类企业达到最小合理规模的仅为8%和7%。

第四，地区发展不平衡。目前东西部地区发展差距大的问题依然突出，东部地区处在改革开放的前沿，拥有较多的优惠政策支持，发展速度快，而西部地区因为地理位置不占优势，虽然近年来国家出台了大量政策予以支持，但发展速度仍然较为缓慢。同时还存在各地区之间分工协作程度低，产业结构严重趋同的问题，高新技术产业生产能力不足，低水平重复建设严重。

第五，产业间关联度低，发展不平衡。第一产业、第三产业发展相对滞后，新兴支柱产业普遍缺乏相关产业支持，例如电子产品的开发、设备制造、金属材料与建材、大规模零部件生产能力不足，对国外进口的依赖性较高。

3. 城市发展结构失衡。

"城市化"较为普遍的一种提法是指"人口向城镇或城市地带集中的过程"，或者是指"人口向城市地区集中和农村地区转变为城市地区，抑或指农业人口转变为非农业人口的过程"。一般以非农业人口占总人口的比重衡量城市化水平。当前中国城市化水平不高，非农业人口占总人口的比重比较低。虽然近年来我国城市化程度有所提高，但是与美国、英国、日本等发达国家相比还有较大的差距。

7.3　中国"结构模式"失衡的原因分析

7.3.1　二元经济结构失衡的原因

第一,"以农养工"的工业化原始积累是城乡失衡的历史渊源。在经济发展的初期,中国借鉴了苏联的经济发展经验,把优先发展重工业作为经济发展的重中之重,用农业支持工业发展,这样的发展方式最终导致了工业的快速发展,而造成了农业的滞后发展,从而形成了整个社会经济发展的二元结构。虽然进入21世纪后,我国提出了工业反哺农业的政策,连续多年中央一号文件都支持农业发展,但是因为社会经济发展二元结构的根深蒂固,目前农业发展滞后的局面仍没有改变。

第二,"城乡分治"的二元政策形成了经济要素自由流动的壁垒。随着中国改革开放的不断深入,农业得到了一定的发展,但是城乡之间管理的分开治理,体制的相对独立所带来的二元经济社会结构在各个领域造成了二元制的政策,形成了经济要素自由流动的壁垒,导致二元经济社会结构转化迟缓,并给各个领域带来了消极的效应。与此同时,中国实施的户籍制度也在一定程度上限制了城市与农村之间的人口流动,导致农村发展缓慢。

第三,政府财政支出格局的失衡阻碍了经济成果的转化和利用。在中国改革开放的初期,中国从计划经济向市场经济转型的过程中,经济的建设是首当其冲的,在这过程中政府主要承担了政治职能和经济管理职能,而在向服务型政府的转型过程中,未能很好地弥补市场力量薄弱和市场机制不成熟导致的公共服务供给缺口。

第四,区域差距的拉大进一步加剧了城乡二元结构的双重失衡,经济发展程度和市场化进程的差异带来了中国东西部地区的经济发展出现了巨大的差距,因而形成了区域上的二元经济结构。这种局面的产生更进一步加剧了城乡二元结构的失衡,最终导致区域之间、城乡之间的双重二元结构,带来了双重的失衡。

第五,"大生产"与"小市场"的矛盾成为农村发展的新瓶颈。中国目前的城乡商贸流通发展极度不平衡,造成"大生产"和"小市场"之间的矛盾日益凸显,而城乡二元结构又进一步加剧了生产和流通的不协调。农村的市场化进程被落后的城乡商贸流通体系所阻碍,延缓了农村市场经济发展的进程,农村潜力巨大的消费市场仍没有被有效挖掘。

7.3.2　产业结构失衡的原因

改革开放40年,中国的经济高速增长,在由计划经济向市场经济转型的过程中,结构转型是转型成功与否的关键。中国的结构转型面临着全面结构失衡的局面,其中产业结构的失衡显得尤为重要,中国的产业结构失衡长期处于轻度或中度失衡水平。中国的产业结构不合理，农业基础薄弱，工业大而不强，经济的增长主要依靠第二产业的比重过大，行业中消耗高、污染重的企业过多，加重了资源环境的压力。而产业区域分布差异性的变化也拉大了各个区域的配置不同，从而导致产业结构的比例也不同。

7.3.3 城市化发展结构失衡的原因

中国城市化发展的关键在于质量，核心在于结构。目前中国城市化发展质量不高，体现在城市间发展失衡。第一，横向结构失衡。地区之间城市化水平不平衡，沿海和内地不平衡，东、中、西部不平衡。第二，纵向结构失衡。大城市跨越式发展，各类资源与投资过度集中，而中小城市发展缓慢，结构不合理，竞争力不强，规模小、层次低，与大城市发展之间的差距与日俱增。第三，城乡结构失衡。目前城乡二元差距加剧、社会矛盾突出、基尼系数突破警戒线的一个重要原因就是大量农村土地被"城镇化"，产生了大量失地人口，同时农村经济发展水平、产业结构和生活方式都与城市存在较大的差距。第四，城市内部结构失衡，城市化内部差距也在不断扩大。

7.4 中国"结构模式"进一步转型的路径

"中国模式"承载了改革开放40年来中国经济改革与发展的基本模式和经验总结，"新常态"是决策层对当前中国经济形势的基本分析和判断。"中国模式"在中国经济取得长期持续高速增长的同时，其存在的问题和缺陷也是导致当前中国经济步入"新常态"的一个重要因素。推动"中国模式"的转型升级以及如何应对"新常态"下的新问题和新挑战，成为关系中国未来经济能否在"新常态"时期实现可持续发展的一个重要问题。而转变经济改革的驱动机制、经济发展方式结构的调整，是推动经济"新常态"背景下"中国模式"转型升级的主要途径。

为有效应对国际资本市场出现的新趋势新变化，进一步推动中国经济结构的战略性调整，党的十八大报告指出，要强化需求导向，更新政策措施，发展实体经济，从而推动战略性新兴产业、先进制造业健康发展，同时加快传统产业转型升级。就目前情况而言，加快推进产业转型升级可以从以下三个方向入手：

7.4.1 二元经济结构调整

城乡二元结构的失衡是制约中国农村市场化进程的障碍，因此优化二元结构以促进经济发展就显得尤为重要。

首先，应进一步加快城乡二元经济结构的转化，不断推进经济体制、社会保障体制和户籍制度的改革，同时政府也应当为市场化进程的推进营造出良好的制度环境。

其次，提升农业人力资本，促进农村经济的可持续发展，由传统的劳动密集型粗放型农业向先进的技术密集型集约型农业转变，在此过程中，提升人力资本在农业中的重要作用，大力发展农村经济。

最后，进一步统筹城乡发展，推动城镇化进程，彻底打破城乡二元制结构体制。

7.4.2 产业结构调整

对中国进行产业结构调整，应实现产业结构从多元化向高级化的转型。

首先，应根据我国现有的经济发展水平和发展状况进行相应的产业结构调整。随着国际市场环境竞争的日益激烈，我国的劳动密集型产业为主的产业结构已经逐渐难以在激烈的国际市场竞争中占据优势地位，产业结构的升级和产业格局的转变使我国经济发展中必须要作出的调整。一方面要力争产业结构体系的升级，努力发展战略性的新型产业；另一方面，要让我们现在的传统产业格局向附加值高、科技含量高、低碳低能耗的高新技术产业格局转变。

其次，应从制度层面保证产业结构调整的合理性。我国政府通过制定相应的政策制度支持产业结构的调整，通过制度明确淘汰落后产能和积极开发高科技产业，提高自身的高级化和专业化的程度，保证经济的可持续性发展。

最后，调整第二产业独大的产业结构，加强对第一产业的扶持力度，在巩固第一产业的基础地位同时，激励第三产业的发展。世界各国稳定发展的经验已经证明，以服务业为代表的第三产业在国民经济中的比重代表了国家经济的发展水平，因此大力发展以服务业为主的第三产业是我国经济发展的必然趋势。以服务业为主的第三产业的发展，在解决中国的就业问题的同时，还可以创造出新的经济增长点。

7.4.3 城市化发展结构调整

充分发挥各圈层优势，合理组织，将开发区建成中心功能强、经济繁荣、景观优美、生态环境良好、城乡协调发展的地区。实现土地集约利用，创新构建城乡发展格局，必须做好以下几点：

第一，不断健全和扩大中心城镇职能。扩大开发区规划控制覆盖面，完善重点区域和地段的详细规划和项目建设规划，加大城市配套设施和公用事业的建设力度。重点加强中心城镇建设，特别是不断加强建设那些基础好、开发潜力大、交通条件优越、区位优势明显的城镇，逐步将它们建设成为功能比较完善、配套设施比较齐全、具有辐射能力和带动作用的区域中心城市、区域副中心城镇；以中心城市、区域副中心城镇为极点，以交通路线、工业带、中心商业区为线，按照分散组团的模式，拉开城市框架，拓展城市建成区面积。

第二，发展中心城镇对郊区化城镇职能的辐射和影响。郊区化的发展伴随着城市化的过程，郊区城镇的职能与市区城镇职能密切相关。随着城市的发展，城市土地需求增加，特别是工业用地增加，有限的市区资源已经难以满足城市化过程的需要，此时用地扩张向郊区迁移，除了基于需求不足，更重要的是郊区用地成本比较低，因此郊区化城镇的建设是配合中心城镇职能而建立的，其又拉动中心城镇职能的辐射和影响。

第三，在主城市之外创建新的城市空间增长点。一个新的中心极总能带动周围其他区域的发展，这就是经济的溢出作用和相关性的拉动作用，因此近几年城镇发展过程中，政府已经改变过去那种按照"层圈式"的发展模式，即先确立中心，以中心划定范围，一层层、一圈圈解决问题的发展模式，在城镇体系规划中更多的是采用主城市之外选取新的城市空间增长极的方式，对那些当前发展状况良好、区位优势明显、有开发潜力的城镇确立为"发展极"，对所有小城镇建设有选择、有重点开发，通过"发展极"的发展，带动周围各个城镇的发展，形成良性互动。

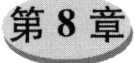

中国"发展模式"转型

发展转型是"中国模式"转型的基本动力,本章对中国"发展模式"转型的内涵和内容进行界定,探索中国"发展模式"转型中存在的问题,进而提出发展转型的条件和路径。

8.1 中国"发展模式"转型的内涵和内容

8.1.1 中国"发展模式"转型的内涵

中国"发展模式"转型的核心是发展方式的转型,反映了从粗放型发展方式到集约型发展方式的转变,中国"发展模式"转型的收益可以定义为,中国经济发展方式从粗放型发展方式到集约型发展方式转型中所带来的效率改进、社会进步和人口素质水平的提升。

如今中国经济的发展已经进入一个新常态,中国经济的可持续发展亟须转变发展方式,提高经济发展效率。当前中国经济新常态有两个特点,一方面,中国经济 GDP 增速进入下行通道,转入中高速或者中速增长;另一方面,当前中国经济发展方式需要从粗放发展向集约增长转型。

8.1.2 中国"发展模式"转型的内容

由于中国粗放型增长方式尚未得到根本改变,在经济保持持续快速增长的同时,资源消耗量也快速增长,大量的资源消耗对环境造成很大压力。这要求积极转变经济增长方式,注重能源资源节约和生态环境保护,协调经济增长中的速度、质量和效益的关系,推进速度型、资源耗费型、技术引进型发展向质量效益型、资源节约型、自主创新型发展转变,构建经济社会协调发展模式。具体而言,就是经济增长要注重由技术引进转向自主创新;由低成本扩张转向高效率创新;由政府投资推动转向民间投资驱动;由要素投入转向内生技术进步;由出口拉动转向内需推动;由高碳经济转向低碳经济;由"少数人先富"向"共同富裕"型转变。

中国"发展模式"转型绩效构成分为三部分:要素使用集约化、福利改善、人口质量提高。

因此,衡量中国"发展模式"转型绩效时,要素使用集约化程度越高,中国"发展模式"转型绩效越大;福利改善程度越高,中国"发展模式"转型绩效越大(参见图8-1);人口质量提高越大,中国"发展模式"转型绩效越大(参见图8-2、图8-3);创新驱动水平越高,中国"发展模式"转型绩效越大;资源利用与生态环境付出的代价越大,中国"发展模式"转型绩效越小。

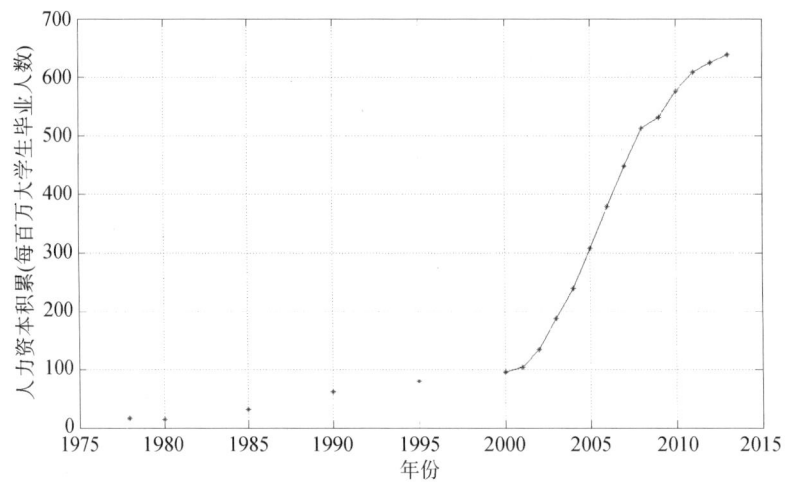

图8-1 人力资本积累(每百万大学生毕业人数)

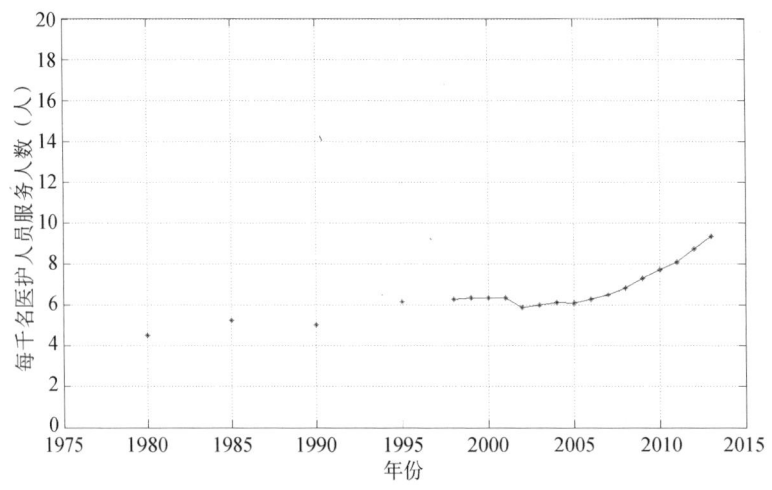

图8-2 每千名医护人员服务人数(人)

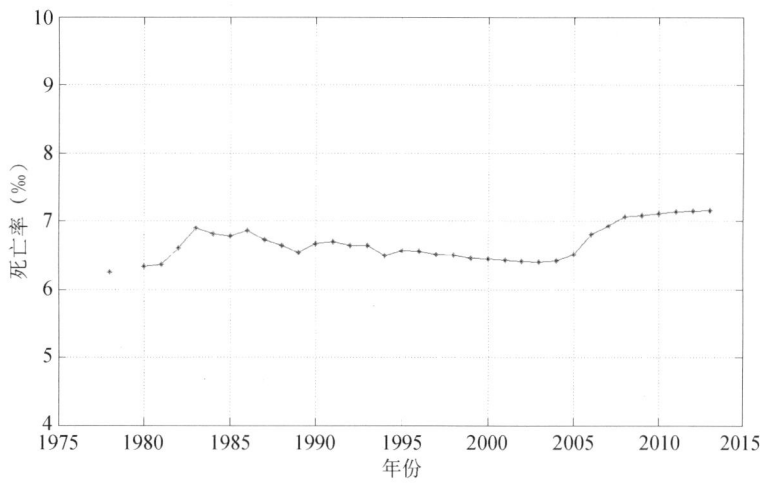

图 8-3 死亡率（‰）

下面根据中国"发展模式"转型绩效的内容构建了中国"发展模式"转型绩效的指标体系，参见表 8-1。

表 8-1　　　　　　　　中国"发展模式"转型绩效的指标体系

系统层	状态层	要素层	要素属性
发展转型绩效（F3）	要素使用集约化（G7）	单位能耗比率倒数（H17）	正
		劳动生产率（H18）	正
	福利改善（G8）	人均GDP占5000美元比例（H19）	正
		人均住房面积（H20）	正
		人力资本积累（每百万大学生毕业人数）（H21）	正
	人口质量提高（G9）	每千名医护人员服务人数（H22）	正
		死亡率（H23）	逆
	创新驱动水平（G10）	R&D投入费用/GDP（H24）	正
		技术效率变动（H25）	正
		新产品产值（H26）	正
	资源利用与生态环境（G11）	资源利用与生态环境代价（H27）	逆

8.2　中国"发展模式"转型的问题

8.2.1　中国"发展模式"转型的现状

经济发展是有阶段性的。目前，中国的发展处在了另一个新的起点上。随着我国不断增强的国际竞争力以及综合实力,我国的经济发展需要向更高层次跨越。这就需要对经济的增长模式进行升级。也就是说,我国的经济增长的主要驱动力,也就是由波特所界定的投资驱动应该向创新驱动过渡。这个过渡能否顺利实现决定了我国能否成为一个创新型的国家。我国经济的持续和稳定发展取决于能否加快转变当前的经济增长方式,核心在于能否改变目前经济增长模式中对投资驱动的过度依赖,并且我国需要全面提升自主创新能力。

很多专家也进行了相关的研究,比如钱纳里先生,他在过去几年里对我国的市场需求结构的共同演变规律进行了一项研究和调查。结果表明在我国的城市化和工业化发展过程中,普遍存在的规律是投资率在不断地上升而消费率却在不断地下降。从当前我国经济结构来看,我国主要依赖于投资作为一个重要的驱动力,而且在过去几年里,中国的投资率是一年高于一年,甚至达到了50%左右。此外,与其他低收入的国家相比,我国的投资率也远远超出了他们的15%到20%,与其他的发达国家集团机构相比,我国的投资率也远远高出了他们的20%到25%。甚至跟韩国、日本相比,他们虽然一度达到了35%到40%,但是中国的高投资率还是非常罕见的。

从过去几年的历史发展进程来看,中国的经济增长主要是依赖于重工业的发展,而轻工业的发展并不是摆在一个高度重视的位置,这个经济增长方式是以重工业为导向的,这就会导致一系列的问题,比如高消耗的资源、严重污染的环境、就业能力的降低、密集的资本等等,而这与我国的基本国情也是不相符合的。大致上来说,中国虽然劳动力比较多,但是资本和资源方面相当短缺,如果继续自我封闭式的发展重工业,必将不能实现我国的经济可持续发展。所以,自从1978年改革开放以来,我国就开始实行经济模式上的改革,改变了以往的传统发展模式,但是根本性的变化还没实现,主要还是以资本为主要的驱动力来促进经济的发展。从这些年来看,我国越来越重视投资的巨大作用,尽管投资的确能够为我国的国民经济发展带来利益,但是这个经济增长模式还是受到了资源的约束,并且从我国的长期和稳定发展来看,这种以投资为驱动的经济增长模式是需要重新考虑和改革的。

8.2.2 中国"发展模式"转型的问题

1. 主导型的政府促使改革以问题倒逼的方式开启或延续。

长久以来,中国的经济改革进程一直在依靠政府的力量,"中国模式"下中国经济改革与发展的重要特征就是为中国经济增长创造各种政策条件和制度环境的"强政府"模式。改革开放40年来,中国的经济体制改革一直在沿用着由制度供给驱动的、从中央顶层设计到地方层级扩散的、自上而下的制度创新模式。这种由强势政府主导的、以制度供给方式推动的经济体制改革实际上反映了在政府控制改革进程与提供具体政策安排时特定的行为方式与利益诉求。政府以"制度企业家"的身份介入,通过学习和模仿寻求符合自身利益最大化的外部规则,在经济体制改革处于"浅水区"时,增量改革带来的经济效益与决策层的政治收益之间所形成的激励相容使得强政府下的经济改革在短期内产生了十分丰厚的、具有"中国模式"特征的改革红利。然而，当经济体制改革逐渐进入了"深水区"时，结构调整与存量改革势必会触及现有的体制框架内的核心制度安排及相关的既得利益。更进一步，当现有体制和既得利益无法满足对现存利益结构重新分配与深度调整的改革需要时，强势政府主导下的经济改革就会陷入困境。由此可见，这种政府主导的制度变迁驱动机制是当前中国经济改革动力不足的重要原因。

2. 渐进式改革对"双轨制"形成长期路径依赖。

中国长久以来实行的"渐进式"市场化改革保证了改革过程的稳定性和中央政府对改革目标与改革方式的可操控性。尽管在较长一段时期内，渐进式改革下中国经济的持续高速增长已经使得这种改革战略和改革方式被普遍看作是"中国模式"的一个突出实践特征和主要成功经验。然而，渐进式的改革过程很容易形成"双轨制"的长期路径依赖，以及在经济增速明显快于改革进程的背景下，大量"未尝费用"或制度遗留因素的积累所引发的结构失衡问题，渐进式改革的长期成本已经在中国经济的改革与发展中被无限放大。

3. 经济社会发展仍然不平衡。

第一，区域经济发展不平衡。区域经济发展不平衡问题是制约中国"发展模式"转型的重要影响因素，对中国区域经济发展现状进行分析可见，中国东部地区发展远远快于中部，中部快于西部，区域国内生产总值也呈现东部大于中部，中部大于西部的格局。从近几十年东中西部发展实践来看，东部地区无论在产业结构升级、产能、企业发展等方面都快于西部。西部地区则由于地理位置偏远、投资少和产能落后等各种问题，企业发展困难重重，同时由于企业生产技术水平低，西部环境污染十分严重。尽管近几年中国实施西部大开发战略，加强对西部地区的政策支撑和税收优惠，促进东中西区域经济的协调发展，区域经济统一发展有所改善，西部经济发展水平有了很大程度的提升，但是区域经济发展差异依然存在，区域经济发展的不平衡问题依然是制约中国"发展模式"转型的重要因素。

第二，收入差距进一步拉大。从总体来看，中国改革开放以后，随着经济水平的提升，中国人均收入水平呈现不断上升趋势，但是由于经济"体制模式"转型中的各个复杂因素的影响，收入分配领域各种矛盾和问题突出，最为主要的表现是收入差距进一步拉大。从收入等级来说，中等收入者比重偏少，低收入者占据绝大部分，收入水平整体偏低。对改革开放以前的收入分配基尼系数统计可见，改革以前收入分配基尼系数在 0.2 的水平上，处于绝对平均水平阶段，改革开放以后，中国收入基尼系数开始迅速增加，20 世纪 90 年代初期为 0.34，90 年代中期达到了 0.39，21 世纪初期则突破了 0.42，目前中国收入基尼系数已经持续在了 0.4～0.5 的水平上，收入差距较大。

同时，行业之间的收入分配差距也在不断拉大。从 21 世纪的初期的 2.63∶1，上升到了目前的 4.88∶1。行业间收入差距的拉大将最终阻碍中国市场持续、稳定和健康发展，收入分配问题和经济健康发展紧密相互，当前收入分配差距如果不处理好，将可能导致社会矛盾不断激化，社会主义现代化的步伐受阻，理顺收入分配差距是社会主义市场运行中极为重要和艰巨的问题之一。

4. 能源浪费与环境污染等问题仍十分严重。

能源、资源和环境问题关系着人类社会的生存和发展。改革开放以后，中国经济实现了快速发展，与之相互对应的是，中国的能源、资源和环境付出了巨大的代价。

首先，中国人均资源占有量低是中国能源、资源和环境中的重要问题之一。中国是一个资源大国，同时也是一个有13亿人口基数的大国，众多人口对应的总资源，人均占有量十分低，与世界水平相比，中国资源人均占有量远远落后于世界国家平均水平，以中国耕地资源为例，中国人均耕地面积仅仅是世界平均水平的40%。而其他资源人均占有量则更低，严重影响了中国工业化发展步伐。

其次，中国资源利用效率低下。长期以来，中国实行高投入、高能效、高污染和低效益的"三高一低"粗放型经济增长方式。粗放型的增长方式在早期促进了中国经济的发展，但是更为严重的是造成能源利用效率低下，资源浪费十分严重。例如当前中国工业用水重复利用率与国外先进水平相比，相差15%，中国矿产资源回收利用率与国外先进水平相比，相差20%。同时，中国清洁能源开发技术落后，能源效率低下要求必须转变中国"发展模式"。

最后，经济社会的发展造成环境和生态问题严重。随着中国工业化和城镇化建设水平的提升，对应的是中国环境和生态出现了恶化，人类和社会发展是一个统一体，不能避开环境、生态问题谈发展，实现中国"发展模式"的转型，就要求构建一个和谐共存的模式，促进人与社会之间的和谐发展，以及人与自然的协同发展。

8.3 中国"发展模式"进一步转型的路径

中国"发展模式"之所以成为模式表现为具有一定的稳定性，是在社会实践基础之上产生的，正是由于社会是一个不断发展的过程，因此，中国"发展模式"进一步转型的路径探索，就必须建立在稳定性和动态性结合的基础之上。中国"发展模式"的形成、发展和完善是经过社会实践长久形成的结构，中国"发展模式"转型的路径探索，就必须结合发展理论、现实实践、制度保证、发展环境等各个方面，实现符合中国特色的中国"发展模式"转型。

8.3.1 构建"发展模式"转型的理论支撑

中国"发展模式"的形成是在科学理论的指导下完成的，同样实现中国"发展模式"的转型也离不开科学理论作为支撑。中国"发展模式"转型的成败、进展、水平等从很大程度上取决于科学理论的发展水平，因此，对中国"发展模式"转型就必须以科学的理论作为支撑。这就要求我们必须进一步探索中国"发展模式"的内涵思想、形成机制、形成过程、模式特征、运行机制等，努力全面把握中国"发展模式"转型内涵，对转型进行全面剖析，为中国"发展模式"转型提供坚实的理论支撑。

中国社会主义的实践告诉我们，中国发展必须走马克思主义与中国现实实践相互结合的理论指导路线，将马克思主义指导思想与中国现实国情相互结合，针对社会主义建设中出现的现实问题，解放思想、大胆创新，创新思想观念，努力提炼新理论、新观点，解决社会主义建设的困难；总结国内中国特色社会主义建设的成功经验和失败教训，吸收国外新理论运用到中国特色社会主义建设中来，借鉴国内经验，转变发展关键、创新"发展模式"，强化发展质量，促进中国经济发展走上协调、稳定和可持续发展的轨道上来。只有利用当前中国社会主义建设实践，把握和领会马克思主义科学指导思想，实现与中国国情的结合，为中国"发展模式"转型提供理论支撑，中国"发展模式"转型的路径才更加准确。

8.3.2 奠定"发展模式"转型的实践基础

为中国"发展模式"转型提供实践基础，就是要借鉴中国广大人民改造世界，创造世界的经验。实践基础是"中国模式"转型的物质和动力基础。新中国成立以后，中国人民坚强不息，努力发展，改革开放以后中国特色的社会主义创造了举世瞩目的伟大成就，中国社会生产力得到极大发展，社会生产关系得到解放，从经济基础到上层建筑均呈现了深刻的发展和变化。特别是党的十八大召开，中国国民经济呈现了良好、稳定和快速发展的势头，经济结构得到进一步完善和升级，新农村建设使农村呈现了新气象，区域经济呈现协调发展趋势，对外开放水平进一步提升，社会和谐工作明显，进一步构建良好的实践基础是"中国模式"转型的重要基础。

但是我们依然应该看到，中国社会主义实践还存在不足，由于中国还处于社会主义初级阶段，社会生产力水平与发达国家相比依然存在很大的差距，社会生产发展水平还远远落后于中国人民群众日益增长的物质文化需要，两者之间的矛盾短时间内很难改变。随着新矛盾和新问题的出现，中国"发展模式"转型也困难重重，因此，这就要求我们必须增强社会实践。解放思想、大胆创新，运用新观点、新思想和新方法解决"发展模式"转型中的各种问题。强化"发展模式"转型观念，提升"发展模式"转型质量，增强转型的科学性、协调性和可持续性，在实践支撑下，促进中国"发展模式"转型路径更加成熟。

8.3.3 健全"发展模式"转型的制度保证

党的十八大专门就深化政治体制改革进行了部署。更大新意在于，提出健全社会主义协商民主制度，以这种民主形式作为政治体制改革的重要内容。该制度有利于增强合力，增进共识，可以针对经济社会发展以及涉及群众切身利益的重大现实问题进行广泛协商，同时与中国特色选举民主相结合，为实现最广泛的人民民主确立正确方向。同时十八大报告还提出了发展基层民主协商，并就协商路径进行了明确阐述。

制度创新是中国"发展模式"的基本保障。制度具有稳定性、全局性、长期性等特点，制度本身是中国"发展模式"中的构成要素之一，制度创新决定了中国"发展模式"转型中的内在动力和源泉。合理的制度设计将促进社会生产力与社会生产关系的相互适应，促进经济基础与上层建筑的协调发展，进而促进社会经济的全面协调和稳定发展，反之则生产关系得不到解放，生产力受阻，经济基础制约上层建筑发展，社会发展缺乏一个良好的制度环境，人民群众社会创造的激情受挫。

中国"发展模式"转型中必然伴随着制度创新问题，中国经济体制转型、政府服务职能转型和民生教育转型等问题凸显，这些问题关系着中国"发展模式"转型的成败。当前中国经济体制改革滞后，政府职能转型中面临管理层腐败、领导人个人权利膨胀、民生教育投入不足，以及政府部门权利计划、部门职能重叠和错位等问题十分突出。这就要求中国必须实施制度创新，利用中国社会主义发展实践，构建符合现代化建设的制度保障，覆盖政治、经济、文化等全方位领域，将改革实践中的成功经验上升为规律性认识，进而转化为制度成果，使我国社会主义发展进程实现规范化和制度化的扩大，促进中国"发展模式"转型的顺利发展。

8.3.4 营造"发展模式"转型的有利环境

党的十八要求实现三个发展，一个是科学发展，一个是和谐发展，一个是和平发展，其中，和平发展是我们对外的基本政策。有利稳定的发展环境塑造是中国"发展模式"转型极为重要的条件。在当前世界环境下，全球竞争更加激烈，世界呈现多极化发展，全球化趋势更加明显，全球科技日新月异。最大可能地维护世界和平，促进本国经济发展，促进全世界繁荣和稳定是世界各国追求的重要目标。但是我们必须看到，当前中国"发展模式"转型还未能营造一个十分有利的国际和国内环境，在国际环境中，霸权主义和恐怖主义依然存在，和平和发展的两大主题依然没有有效解决，由于各国意识形态、价值观的差异，文化和思想领域渗透和反渗透的斗争依然十分激烈。

在此种发展环境中，中国"发展模式"转型，必须坚持营造有利于本国发展的环境，走和平发展、开放和合作的道路，在世界各国竞争中维护本国利益，发展本国经济，同时在本国经济发展中促进世界和平共同发展。这是由当前中国基本国情决定的，也是由世界发展潮流决定的；在对外开放战略中，中国要继续坚持独立自主的外交政策，坚持睦邻友好、共同发展、促进交流，增强中国国际竞争力和影响力，发挥中国在地区经济合作和维护世界新秩序中的重要地位和作用。同时对内要不断加快经济发展、扩大内需、关注社会民生、促进社会稳定。

8.3.5 进行"发展模式"转型的技术创新

党的十八届三中全会强调，推动中国经济发展应更加注重质量。我国先期粗放式的发展方式带来了一个突出的问题，那就是工业能源消耗非常高，如何提高能源效率、降低碳排放强度成为亟待解决的课题。例如石油加工、电力的生产和供应、非金属矿物制品、金属冶炼等高耗能的工业行业的单位产品能耗远远高于其他产业单位产品。能源效率的提高，与高新技术支持是分不开的，加快发展中国洁净煤技术，更新设备，采用先进的工业和技术，充分挖掘减排潜力。同时，要积极发展新能源和清洁能源技术，例如太阳能、风能、生物质能以及光热技术等，各个地区应该根据各自不同的资源禀赋及条件，因地制宜，找到适合的发展方式，提高经济发展质量。增加节能技术和新能源投资，促进能源的开发和利用，研发与推广各方面的创新技术。

8.3.6 推动"发展模式"转型升级的路径

首先，在市场经济的体制机制日趋成熟的条件下，政府对制度供给的主导作用应逐渐弱化，而平行于这一过程的则是社会民众的制度需求对制度创新作用的持续增强，活跃于市场经济活动中的个体和组织应当逐渐发育成为推动制度创新与改革进程的主导力量。作为"中国模式"转型升级的一个重要组成部分，新常态背景下的中国经济需要通过转变强势政府主导下的改革驱动机制，在结构调整与深化改革的过程中解决长期存在的改革动力不足问题。

其次，新常态背景下的经济改革需要我们适时转变以往的改革策略与改革思维，以"平行推进"式的改革方式全面促进各项领域的深化改革。"平行推进"式的改革方式强调渐进式改革过程中体制间的相互协调，以及各项领域间改革进度的动态平衡。与渐进式的改革在具体操作环节上强调顺序相比，"平行推进"式的改革基于各种制度安排间的相互依存与制约关系，在改革路径与宏观政策设计上更加注重改革总体进程的协调性。因此，以"平行推进"式的改革方式将改革策略推进各项领域，在新常态背景下突破以往渐进式改革长期遗留的各种体制机制障碍。

最后，经济增长方式应从单一性的向包容性的质量经济转变。在经济新常态时期，经济增长方式的转变同时也是"中国模式"转型升级的一个重要内容。面对当前中国经济增速减缓、结构失衡以及增长动力相对匮乏的"新常态"问题，经济增长方式的转变首先要求在稳定增速中挤掉以往在粗放型增长与结构畸形下增长的GDP泡沫，提高经济增长的质量和效益。经济增长方式的转变要在结构调整中探寻新增长点并培育创新型增长动力，通过经济增长中技术与制度的创新，以及人力资本质量的提升推动经济增长方式自觉、有序地由低级向高级转变。经济增长方式的转变要在对创新型动力机制的探寻与培育中使经济增长从以金钱和物质财富的积累为第一要务，向以提高经济增长与生产力发展的可持续性、提升社会福利水平与总体幸福感，以及实现人的全面发展的目标要求转变。

第 9 章

新常态背景下"中国模式"转型的机制

新常态背景下"中国模式"转型已经成为我国经济进一步向前发展的必然选择,在经济增速放缓、经济结构不断优化升级、经济增长驱动方式改变的背景下,探析新常态"中国模式"转型的机制可以理清"中国模式"转型的内在逻辑,为"中国模式"转型指出明确的方向。通过分析新常态背景下我国经济的阶段性特征,本书认为新常态背景下"中国模式"转型的机制主要包括创新驱动机制、动能转化机制、结构升级机制和约束机制。

9.1 创新驱动机制

创新驱动机制指的是创新驱动经济健康持续发展的整体结构及运作过程,图9-1是创新驱动机制的整体结构和运作过程。

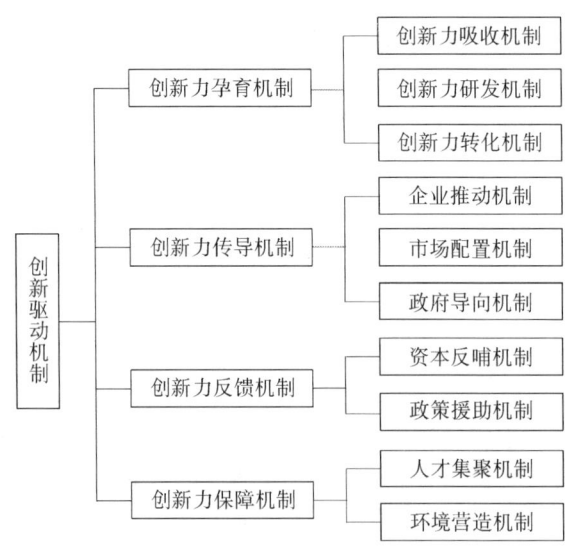

图 9-1 创新驱动机制

创新驱动机制包括三层结构，创新驱动机制本身是最高层级的机制，次一层级包括创新力传导机制、创新力孕育机制、创新力反馈机制和创新力保障机制。

9.1.1 创新力孕育机制

创新力孕育机制指的是如何产生创新力的机制，创新力孕育机制包括创新力吸收机制、创新力研发机制、创新力转化机制。

1. 创新力吸收机制。

创新力吸收机制指的是在创新驱动经济转型的过程中，通过创新力的吸收来实现创新驱动的发展方式。创新力吸收包括三个阶段，第一个阶段是从国外科技先进的发达国家吸收的创新技术；第二个阶段是国内各企业、各组织之间互相学习，从而互相吸收创新力的过程；最后一个阶段是我国跨国企业主动走出去在发达国家投资建厂，学习发达国家先进技术。改革开放初期，我国通过招商引资吸引外国企业投资，国外企业在投资的过程中，也将其先进的管理经验和科学技术带入了我国，在这个过程中，我国不断吸收国外的先进技术和管理经验，促进经济的发展。随着我国自主创新能力的不断增强，在很多领域具有自身的创新能力，甚至在高铁技术、特高压输电技术等领域领先全世界。在自身创新能力提高的同时，国内企业之间相互学习，共同成长，提高了整个行业的创新能力。但是随着我国国际实力的不断增强，发达国家对我国的投资逐渐放缓，为了吸收更多更先进的技术，国内很多有实力的企业，利用自身企业能力和国家的支持政策，开始向发达国家投资，由图 9-2 可以看出，自 2013 年以来我国直接对外投资（OFDI）超过外商直接投资（FDI），并呈现增长态势。我国跨国企业在发达国家投资建厂，吸引发达国家的科技专业人才，进一步学习发达国家的先进技术，然后再由国内母公司吸收这些先进技术，进一步提高企业的创新能力。

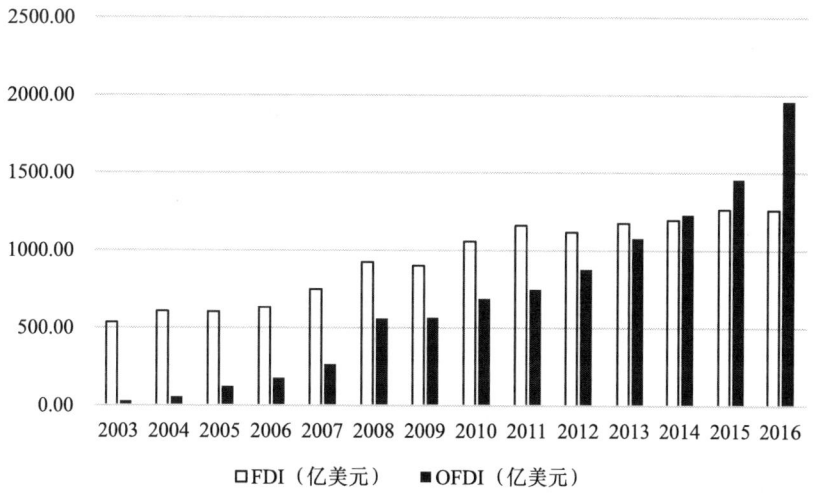

图 9-2 2003—2016 年中国 FDI 流量与 OFDI 流量

创新力吸收机制是创新力孕育机制的重要组成部分,通过该机制我国不断学习吸收国外先进技术,提高国内企业自身创新能力,在此基础上国内企业之间相互学习吸收先进技术,提高整个行业的创新能力。经济新常态背景下,"中国模式"转型的关键在于创新的孕育所产生的推动力,推动经济结构优化和产业结构调整,因此合理利用并发挥创新力吸收机制在创新产生过程中的重要作用是新常态背景下"中国模式"转型成功的关键。

2. 创新力研发机制。

创新力研发机制指的是在经济发展过程中,通过研发产生创新力并以此促进经济健康稳定发展的过程,也就是自主创新驱动经济发展的过程。自主创新是一个企业生存的根本,也是一个国家竞争力的体现,在我国经济结构优化和产业结构升级的过程中,自主创新是重要的推动因素。长期以来,我国一直是通过学习模仿国外的先进技术带动国内技术进步,从而促进经济发展。但是进入21世纪后,通过学习国外发达国家的先进技术已经远远难以满足我国经济发展的需求,提倡自主创新成为我国的重要发展战略,通过自主创新抢占国际市场,增强国际竞争力,是我国未来经济结构优化和经济持续发展的趋势。近年来,我国科技经费投入逐渐增大,研发经费投入强度加大。从图9-3可以看出,2013—2017年,我国R&D经费支出由11847亿元增长到17500亿元,增长接近50%,年均增长速度维持在10%左右。另外根据2018年WTO发布的2017年度世界贸易数据,2017年我国是世界上贸易量最大的国家,而且商业服务贸易方面我国出口贸易额中知识产权使用费、金融服务、保险和养老服务以及电信、计算机和信息服务占比已经超过55.9%。

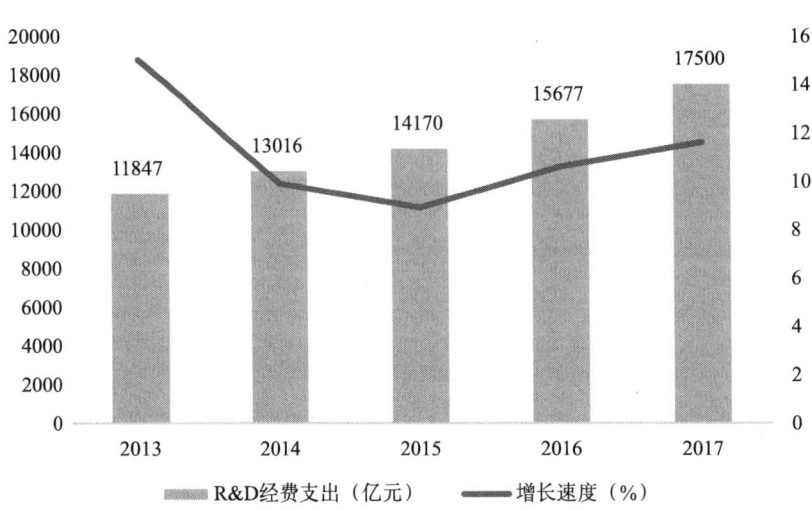

图9-3 2013—2017年我国R&D经费支出及增长速度

创新力研发机制是创新力孕育机制中的核心,没有创新力研发机制,创新力吸收机制所吸收的国外发达国家的先进技术就只能停留在追随发达国家的模仿阶段,不可能在全球价值链分工中占据高附加值的环节。创新力研发机制是创新力转化机制的前提,如果没有创新力研发机制,创新力的转化也就无从谈起。经济新常态背景下,"中国模式"转型的核心是创新，以自主创新为核心的创新力研发机制更是推动"中国模式"转型的核心力量。

3. 创新力转化机制。

创新力转化机制指的是在创新驱动经济转型发展的过程中，创新成果市场化、商业化促进经济平稳健康发展的运营机制。在经济发展的过程中，创新成果的商业化是经济发展的重要支撑。苹果公司作为世界上市值最大的公司之一，其能够一直迅猛发展的关键就是其创新成果的转化能力。从 20 世纪 90 年代开始，苹果公司的研发投入就一直在增长，到 2018 年，苹果公司的研发投入已经达到 142 亿美元，相比于 1998 年，苹果公司的研发投入翻了 18 倍。相比于研发投入，苹果公司的创新成果转化能力才是苹果公司能够成为全球市值第一公司的重要原因，苹果公司每一代新款手机都会有令消费者为之痴狂的创新，这就是苹果公司创新转化能力最好的体现。

根据世界知识产权组织的统计，中国专利申请数量已经连续 7 年位居世界第一；而根据欧洲专利局的统计，2018 年我国向欧洲专利局申请的专利数量是 2008 年的 6 倍。虽然我国有数量众多的专利，但是我国的科技成果转化率却是困扰我国科研机构和企业的共同难题。我国的高校和科研机构是创新成果的主要来源地，占据了我国超过85%的创新力量和创新成果，但这些成果中真正能够产业化的却不到10%，大量的创新成果所产生的经济效果极其有限。

创新成果的产业化是经济发展的重要助推器，也是产业结构调整的重要推动力。新常态背景下"中国模式"转型需要创新的驱动，需要创新成果的转化。创新成果转化能够产生新的经济增长点，提高产品的技术含量，获取更加高额的利润。面对我国当前科技成果转化率低的现状，优化创新力转化机制，提高创新成果转化率，为我国经济提供新的经济增长点，优化出口商品结构，占据全球价值链的高附加值环节是"中国模式"转型必须迈过的重要一步。

9.1.2 创新力传导机制

创新力传导机制是指创新力如何促进经济发展方式转变和促进经济健康发展的过程，创新力引导机制包括企业推动机制、市场配置机制和政府导向机制。

1. 企业推动机制。

企业推动机制指的是在经济持续健康稳定发展的过程中，企业在这个过程中利用企业自身创新能力，推广创新成果，推动经济发展的机制。企业是社会最主要的组织形式，也是市场经济活动中最活跃的主体，企业有意愿利用自身能力商业化创新成果，推动经济发展。企业是以盈利为目的的社会主体，企业为了赚取最高的利润，必须不断地进行技术革新，利用创新成果，进行技术创新，而企业的技术创新是国家创新的重要组成部分，企业的创新有利于行业的不断进步和结构调整，从而推动经济结构的调整。

近年来我国在世界经济中的地位越来越重要，这与我国企业的不断发展壮大有着必然的联系,特别是企业商业化研发成果逐年增长。华为是我国企业中依靠研发不断发展的代表,在刚刚过去的 2018 年,华为取得了举世瞩目的成就,2018 年 10 月,华为发布了自主研发的 AI 芯片,并应用于市场,拿下了全球超过 26 个 5G 商业大单,手机发货量超过 2 亿台。在这些耀眼成就的背后,是华为对研发数年如一日的不断投入和应用,根据《2018 年欧盟工业研发投资排名》,华为在 2018 年的研发投入仅位于三星、谷歌、大众、微软之后,位居世界第五,中国第一。历经 20 多年的发展,华为从无到有,从默默无闻到今天的享誉全球,华为一直坚持对研发和研发成果市场化,事实也证明,企业的研发是企业真正的核心竞争力,不重视研发投入的企业最终会被淘汰。华为是我国以研发为核心的企业的代表,格力、海尔、阿里巴巴等我国的大型跨国企业,都在借鉴华为的经验,加大企业研发投入和研发成果的推广应用,从而保持企业的核心竞争力。

研发成果的市场化推动了企业的不断向前发展,而企业不断地向前发展推动了我国经济结构的升级调整。新常态背景下,我国经济模式转型的两个方向是以服务业为核心的产业结构和向价值链的中高端迈进。以服务业为核心的产业结构是要求通过技术手段为消费者提供优质、便捷、高效的服务,而价值链的中高端最重要的就是以研发为核心的环节,因此无论是以服务业为核心的产业结构还是向价值链的中高端迈进的目标都需要技术的创新和研发成果市场化应用来保障,而企业是研发成果市场化应用的主要阵地。新常态背景下"中国模式"转型的重要推动力就是企业,企业的创新成果转化能力可以推动我国经济结构的优化和产业结构的调整,企业推动机制是新常态下"中国模式"转型的重要机制。

2. 市场配置机制。

市场配置机制指的让市场根据市场供求关系和价格对资源进行高效率的分配。新中国成立后,因为国家现实情况的限制,我国实现了计划经济,当时的经济发展事实证明,在当时的国情下,选择集中力量干大事的计划经济体制是正确的,这种经济体制帮助我国在短时间内建立了比较完善的工业体系,提高了我国国际实力,稳定了我国在国际上的地位。但是随着经济的发展,计划经济的不合理性逐渐显现,供给需求不匹配、生产效率低的问题在一定程度上阻碍了我国经济的发展。改革开放后,我国政府对市场经济认识逐步加深,从 1978 年至今我国逐渐认识到计划经济在调节市场中的弊端,并随着我国社会基本矛盾的变化,逐步建立适合我国的经济制度。在这个过程中,我国经济能够持续高增长的最重要的一点就是一步步明确了市场经济在我国社会发展中的决定性地位,并开创性地在我国建立了社会主义市场经济体制。市场经济的确立历程如表 9 – 1 所示。

我国经济发展的事实已经证明,社会主义市场经济是符合我国国情的,能够促进我国经济的飞速发展。市场配置机制能够最大效率配置市场资源,提高生产力和生产效率,促进我国经济的发展。市场配置机制也是创新力引导机制的核心机制,创新力的引导必须让市场发挥决定作用,这样才能激发更多的创新。

经济新常态背景下,我国传统的以资源消耗为代价的发展方式已经不再适合当前经济,经济发展方式的转变势在必行。经济发展方式的转变是依靠创新,让创新更多的驱动

表 9-1　　市场经济的确立历程

年份	代表会议	内容
1982 年	党的十二大	计划经济为主、市场调节为辅
1984 年	党的十二届三中全会	公有制基础上的有计划的商品经济
1987 年	党的十三大	国家调节市场，市场引导企业
1992 年	党的十四大	在坚持公有制和按劳分配为主体、其他经济成分和分配方式为补充的基础上，建立和完善社会主义市场经济体制 要使市场在社会主义国家宏观调控下对资源配置起基础性作用
1993 年	党的十四届三中全会	建立统一开放、竞争有序的市场体系
2013 年	党的十八届三中全会	经济体制改革是全面深化改革的重点，核心问题是处理好政府和市场的关系，使市场在资源配置中起决定性作用和更好发挥政府作用

经济的发展，创新参与推动经济的前提就是高效率的资源配置。因为创新是一个复杂的过程，创新的产生需要公平开放的竞争环境，过去的依靠行政指令进行创新的方式是行不通的，也难以产生真正的创新。经济新常态背景下"中国模式"的转型需要市场引导创新驱动，市场配置机制能够最大效率地激发企业、研究机构和高校的创新潜力，产生更多的能够产业化的创新，推动"中国模式"的成功转型。

3. 政府导向机制。

政府导向机制指的是在经济持续健康发展的过程中，在创新驱动经济结构优化升级的过程中政府所起到的引导作用。政府在经济发展中承担着重要的作用，政府这只"看得见的手"一方面通过实施积极的财政政策来保证市场的稳定，另一方面依靠自身财力通过经济行为调节市场。市场能够调节市场微观平衡问题，但对于由社会总供给不平衡引起的经济衰退、失业和通货膨胀等宏观经济问题，单纯的市场经济难以发挥作用，甚至会出现市场失灵现象。资本主义的经济危机实际上是由市场经济基本矛盾即社会化生产与财产私有之间的矛盾引起的，资本主义国家的历次经济危机也使得资本主义国家开始注重政府对经济的宏观调控作用。1929—1933 年源于美国并波及世界的经济危机让资本主义认识到资本主义市场经济的弊端，美国实施了罗斯福新政，加强了政府对经济的宏观调控。而我国作为一个社会主义大国，必须在坚持社会主义市场经济的前提下，强调政府在宏观调控中的作用，集中力量办大事，这样才能稳步提升国家实力。

在创新驱动经济发展的过程中，政府的支持和导向是创新驱动经济发展的重要推动力。创新是一个非常复杂的过程，有的创新在初始期因为其存在不确定性，很少有企业为其大量投资，因为企业是以盈利为目的的社会组织，对于结果不确定和风险较大的投资，企业通常不会参与。特别是公共产品类的创新投资，如果政府不能提供相应的扶持，这类创新就非常困难。因此，政府的引导对于创新的产生是非常关键的，特别是进入 21 世纪，国家之间的竞争很大程度上是科技实力的竞争，因此政府对科技投入、支持、引导就显得尤为重要。

当前我国正处于经济结构优化升级的关键时刻，创新是推动经济结构升级的核心。政府引导创新推动经济发展的机制是与我国的国情相符合的,我国作为世界上的发展中大国,所面临的问题比一般发展中国家更复杂,对创新的要求更加迫切,也只有依靠不断地创新才能够解决我国当前发展中的各种问题。我国作为世界上人口最多的国家,对各种资源的需求非常大,而对于不可再生资源,必须通过创新寻找其他方式加以替代,这就需要政府大力支持,引导创新驱动经济发展。经济新常态背景下"中国模式"的转型虽然要求市场在经济社会中发挥决定性作用,但是必须注意到,政府宏观调控是社会主义市场经济的重要组成部分,必须要发挥政府调控在经济社会中应有的作用,发挥社会主义市场经济集中力量办大事的优势。在"中国模式"转型的过程中,政府必须辅之以相应的支持,引导创新驱动经济发展,保障"中国模式"的成功转型。

9.1.3 创新力反馈机制

创新力反馈机制指在创新驱动经济发展的同时,经济实力反过来进一步强化创新力的运行方式,其中包含资本反哺机制、政策援助机制两个动力运行创新驱动机制。

1. 资本反哺机制。

资本反哺机制指的是在经济发展过程中,当经济发展到一定阶段,认识到创新对经济的重要推动作用后,大量资本涌入创新领域,拉动创新力的进一步提升。根据中国基金业协会发布的私募基金管理人登记报告,截止到2018年5月底,在中国基金业协会备案登记的创业投资基金类的管理人已经达到14159家,超过所有备案协会已登记管理人的一半,达到59.73%。私募股权、创业投资基金共计30829支,管理规模为7.89万亿元,且增速在不断提高。依据增长速度,《投资者报》评选出2018年中国成长最快的25家科技公司,总市值为4144亿元,平均每家公司的市值为168亿元,近三年的营业收入增长率超过60%,这25家公司所涉及的领域包括计算机、手机、光纤、大数据等领域。为了在创新企业发展的最早期给予创新企业帮助,我国还诞生了多个著名的天使基金,包括真格基金、创新工场、联想之星、九合创投等,这些天使基金在创新企业的最艰难时期给予资本支持。

不论是创投基金规模的迅速增长,还是二级市场中越来越多的科技公司,抑或是各个著名的天使基金,这些现象都说明资本正在涌入创新领域,带动创新力的提升。经济新常态背景下"中国模式"转型中创新驱动经济发展到一定阶段后资本反过来拉动创新提升的机制是"中国模式"转型加速器。

2. 政策援助机制。

政策援助机制是在创新驱动经济发展的过程中,政府制定各种政策推动创新的发展。高新技术企业是提高国家竞争力,优化产业机构的重要力量,对外国经济的持续稳定发展具有重要的促进作用。因此我国政府大力支持创新企业发展,从20世纪90年代开始,我国就制定了《高新技术企业认定管理办法》,从财政、税收、金融、贸易等各方面给予高新技术企业优惠政策,支持高新技术企业发展。借鉴发达国家经验,我国在2009年10月推出创业板,创业板的推出为高新技术企业的融资提供更加便捷的通道,使得大量资本得以进入高新技术企业,推动高新技术企业飞速发展。2018年为了进一步加大对科技企业的支持,提高我国服务科技企业的能力,国家主席习近平在首届中国国际进口博览会开幕式上宣布在上海证券交易所内新设科创板,主要服务于符合我国国家战略的、具有核心关键技术的科技创新企业,重点支持新一代信息技术、高端装备、新材料、新能源、节能环保以及生物医药等领域具有核心关键技术且市场认可度较高的创新技术型企业。

政策援助机制是政府引导创新驱动经济发展的重要机制,经济新常态背景下,"中国模式"转型的核心机制是创新驱动机制,考虑到我国发展中大国的复杂国情和我国一直坚持的社会主义市场经济体制,政府采用政策援助机制,引导市场支持创新是创新驱动经济发展的重要补充机制。

9.1.4 创新力保障机制

创新力保障机制是指在创新驱动经济平稳健康发展的过程中,通过构建有利于创新力孕育的环境和条件,以保证创新力持续不断产生促进经济发展的运行机制,创新力保障机制包括人才聚集机制和环境营造机制。

1. 人才聚集机制。

人才聚集机制是通过培养、引进专业技术能力过硬、掌握核心关键技术的高端人才保证创新能够源源不断的产生。创新归根结底是人类高级的思维活动,创新的根本还是在于人才。在新中国成立之初,我国就把人才作为国家发展的重要支撑,正是在大批回国援助的人才的努力下,我国经济才有了新中国成立之初的迅速发展。改革开放后,经济发展对人才的需要更加迫切,以邓小平同志为核心的党中央率先提出了"尊重知识,尊重人才"的国策。进入新世纪,面对日益激烈的国际竞争和更加复杂的全球经济形势,为了保证中国社会主义市场经济的健康平稳发展,中共中央、国务院制定下发了《2002—2005年全国人才队伍建设规划纲要》,并首次提出了"人才强国"战略,2007年,"人才强国"战略被写进了党章和十七大报告,成为中国特色社会主义的基本战略之一。在我国"人才强国"战略的引导下,不仅国内人才的才能有了更大的施展空间,国外的人才也纷纷回国,参与社会主义建设。根据教育部统计,截至2016年底,我国出国留学生已达到458.66万人,留学生回国人数超过50%达265.11万人,且回国的留学生年龄集中在30~40岁,属于成熟人才。

经济新常态背景下"中国模式"转型的根本推动力是人才的创新,通过人才聚集机制吸引海内外人才参与社会主义经济建设,将保证创新驱动经济发展的机制有更加稳定的基础。

2. 环境营造机制。

环境营造机制指的是在创新的孕育、传导的过程中,通过政治、经济、法律、社会等手段创造保护创新、鼓励创新的环境。虽然我国一直鼓励创新,但是我国创新保护的机制体制一直以来都存在较大的缺失，特别是知识产权的保护。在中国，几乎所有的软件、音乐、影片都有盗版，电影产业是我国盗版的重灾区。在20世纪90年代，在互联网还未普及的时代，我国的盗版电影光盘几乎遍布于城市的大街小巷，在互联网成熟后，在网上几乎可以随意下载各种电影，甚至有的电影刚上映，网上就可以下载。根据美国商业软件联盟2010年发布的报告，我国的软件盗版率高达79%，而发达国家的软件盗版率普遍较低，日本的软件盗版率为21%，美国的软件盗版率为20%。近年来，我国逐渐意识到知识产权保护的重要性，通过修改专利法、商标法和反不正当竞争法等知识产权保护法律，大大加强知识产权的保护力度。美国商业软件联盟2018年发布的报告显示，我国的软件盗版率2010年后以较快的速度下降，2017年的软件盗版率为66%，虽然跟北美和西欧等国家相比，仍具有较大的差距，但是软件盗版率已经有了明显的下降。

创新驱动经济发展的过程中，通过保护创新使得创新要素能够更加合理地在市场中流动，为创新的产生提供更加公平的环境，是鼓励创新产生，进而促进经济发展的重要保障。经济新常态下"中国模式"转型对创新的需求更加迫切，因此以知识产权保护为代表的环境营造机制需要进一步的完善。

9.2 动能转化机制

在当前全面深化改革的关键阶段，面临新一轮的国际竞争压力，培训新动能，完善动能转化机制是我国当前经济工作重点，也是"中国模式"转型的重要助推。动能转化机制，指的是在经济新常态背景下，随着产业结构的优化升级和经济增速的放缓，原有的经济增长动能已经不再适应新经济发展的需要，未来经济的发展需要寻找新的推动力，寻找新的经济增长点，完成新旧动能转化，实现"中国模式"成功转型。

新中国成立以来，我国在很短的时间内建成了比较完备的工业体系，改革开放后，我国经济飞速发展，迅速进入工业化阶段。世界银行对工业化阶段的判断是当一个国家进入了以工业为主体的产业结构或者人均GDP超过1万美元意味着这个国家基本实现工业化，开始进入工业化后期。按照国际货币基金组织的预测，2018年我国人均GDP超过9500美元，东部很多省份早已超过1万美元，从这个角度来说，我国已经非常接近工业化后期。同时，我国对金融资本和科技资本的重视也达到了前所未有的高度，20世纪80年代邓小平同志已经提出了"科学是第一生产力"，近年来习近平主席重申"科学是第一生产力"的正确论断，并提出了"金融是国家核心竞争力"。我国经济增长的核心驱动力已经由新中国成立之初的农业生产驱动，转变为改革开放后的制造业驱动，到今天经济增长的核心驱动已经开始向金融、科技、创新转变。我国一直以来的依靠要素驱动的数量经济增长模式已经不再适应当前的国际国内环境，未来我国的经济增长模式应该是质量效益的增长模式，因此，建立并完善短期与长期相结合和供给与需求相结合的新旧动能转化机制显得尤为关键。

9.2.1 长短期相结合的新旧动能转换机制

我国改革开放 40 年经济的快速增长一直依靠的是短期需求要素刺激，这种通过刺激短期需求带动经济增长的发展方式虽然在短期内能够促进经济的增长，但是从长期来看，这种经济增长的方式具有不可持续性。改革开放以来，为了在短时间内迅速提升国家经济实力，我国采用的是数量增长经济模式，这种经济增长模式实际上是要素驱动经济增长，需要消耗大量的资源，并且这种增长方式对环境和生态造成了巨大的破坏。未来我国应该是质量效益型的增长模式，这种增长模式重点关注长期因素，经济增长动能由需求向供给转变，通过创新驱动经济增长，具有较高的持续性和稳定性。

经济新常态背景下，经济增速由高速增长转变为中高速增长，为了保证经济的中高速增长，通过刺激短期需求拉动经济增长的模式依旧不能放弃，以防止经济增长动能快速衰减。同时为了保证我国经济增长的持续性，必须逐步转换经济增长动能，关注拉动经济增长的长期因素，逐步实现供给为主要动力的经济增长模式。因此在经济新常态背景下，在我国经济增长方式改变、产业结构优化升级的重要转型期，完善并实施长短期相结合的新旧动能转换机制是转型成功的必然之路，只有完善并实施长短期相结合的新旧动能转换机制，才能在保证短期经济中高速增长的情况下，为未来中国经济长期稳定持续增长培养新的动能。

9.2.2 供需相结合的新旧动能转换机制

自 1981 年提出我国社会的主要矛盾是人民日益增长的物质文化需要同落后的社会生产之间的矛盾后，我国经济增长一直围绕提高生产力，满足人民物质文化需求的目标，工业制造业、能源行业、消费行业等传统行业迅速发展。然而随着经济的飞速发展和人民生活水平的提高，我国一直以来经济模式的问题逐渐显现，突出表现在供给与需求的严重不平衡，低端产品过剩，高端产品供给不足。2016 年《政府工作报告》明确提出了必须培育壮大新动能，发展新经济，2017 年党的十九大报告指出我国社会主要矛盾已经转化为人民日益增长的美好生活需要和不平衡不充分的发展之间的矛盾。面对我国社会基本矛盾的变化，我国经济的增长模式也需要作出改变，强调供给侧改革，从供给端入手，调整供给结构，真正意义上扩大内需，培育经济增长新动力。

在新常态下，实施并完善供需相结合的新旧动能转换机制就是要从供给端入手，真正了解国家发展需求、人民生活需求，真正启动内需，供给与需求相结合，在满足短期需求带动经济短期增长的前提下，通过供给结构改革解决我国当前社会的主要矛盾，保证经济长期持续稳定发展。在我国经济模式转型的重要战略机遇期，实施并完善供需相结合的新旧动能转换机制是我国顺利渡过该阶段不二之法。通过供需相结合的新旧动能转换机制，将转变我国的经济增长动能,推动经济新常态下"中国模式"顺利平稳转型。

9.3 结构升级机制

经济新常态背景下,中国经济增长的模式处于由高速增长过渡到中高速增长,由数量增长转变为质量效益增长,经济结构优化升级的过渡转型期。在经济新常态下,结构升级机制是"中国模式"转型的重要运行机制,长期以来我国以消耗资源为代价的粗放式经济发展模式使得我国经济发展过程中出现了需求结构失衡、供给结构不协调、要素利用效率低下、环境损害大、空间布局不够合理等一系列结构问题。经济新常态背景下,中国经济的结构升级机制必须围绕解决这些问题实施。

9.3.1 产业结构优化机制

产业结构指的是在经济发展的过程中,第一、二、三产业在国民经济中所占的比重。在人类历史发展的过程中,劳动力首先由第一产业向第二产业转移,当经济发展到一定阶段或者人均国民收入达到一定水平,劳动力又会由第一、二产业向第三产业转移,在一国经济发展的过程中,产业结构的重心沿着第一、第二、第三产业的顺序转移,一般来说一个国家的经济发展水平越高,第三产业在国民经济中的比重就越大。我国与美国、日本、欧洲等发达国家相比,经济发展的基础较为薄弱,发展的时间较短。虽然经过40年的快速发展,我国已经成为世界第二大经济体,但是要认识到我国成为世界第二大经济体所依靠的是附加值较低的制造业、劳动力密集型产品产出。随着我国人口红利的逐渐消失,以及东南亚、印度等劳动力密集国家的崛起,我国经济为未来发展的动力明显不足。经济新常态背景下,"中国模式"的转型要求我国逐步转变目前的产业结构,大力发展第三产业促进经济发展。

未来中国经济的发展依靠的是第三产业,这里的第三产业指的不仅仅是服务业,当前社会中以科技为核心的为人民生活提供便捷的、促进社会进步的新技术、新产业、新领域,包括人工智能、互联网、大数据等。未来我国经济产业结构的重心应逐渐转移到以科技为核心的第三产业上来,为经济的发展提供源源不断的推动力。

9.3.2 城乡结构优化机制

新中国成立后,为了在短时间内建设比较完备的工业体系,我国坚持了"农业支持工业,农村支持城市"的发展战略,这种战略帮助我国在较短的时间内大大提升了综合国力,但是这种模式导致的城乡发展不平衡问题一直没有得到很好的解决。2019年中央一号文件《中共中央国务院关于坚持农业农村优先发展做好"三农"工作的若干意见》于 2019 年 2 月 20 日发布，这已经是我国连续 16 年中央一号文件聚焦"三农"，虽然如此，我国城乡结构不协调的问题依旧严峻。城乡二元不平衡结构下，我国城市与农村发展的不平衡体表现在教育、医疗、交通、就业等多个方面。

优化城乡二元结构是我国未来经济发展必须解决的问题，否则我国经济的发展就会存在越来越多的不平衡。目前城乡二元结构所引起的最大问题是城乡居民收入差距过大，农村地区大量青壮年离开家乡，远赴经济发达地区务工，这种情况下我国城乡之间的差距越来越大，一方面乡村地区出现更多留守儿童教育问题、留守老人养老问题，土地荒废问题；另一方面出现的是城市地区的人口拥挤、房价上涨、犯罪率上升、失业率上升问题。城乡二元结构所导致的问题只会越来越多，因此解决我国城乡二元结构失衡问题，必须推进城乡一体化发展。通过城乡结构体制优化，将形成全国一盘棋，农村城市共同发展的良好经济局面，使得"中国模式"顺利转型，为未来中国经济的持续健康发展和社会稳定打下牢固的基础。

9.3.3 要素投入结构优化机制

一直以来我国依靠丰富的劳动力资源和自然资源以要素投入作为经济发展的推动力，特别是我国丰富的劳动力资源已经使我国成为名副其实的"世界工厂"，"中国制造"遍布全世界，我国东部沿海地区有世界上各种各样电子产品的代工厂。然而近年来我国人口红利逐渐消失，劳动力成本显著提高，一些代工企业开始向劳动力成本更低的东南亚地区转移，在这种背景下，反而倒逼我国经济优化要素投入结构，提高全要素生产率。我国东部部分地区已经开始尝试工业自动化，用技术、资本要素投入替代劳动力要素投入，优化要素投入结构机制。

十九大以来，要素投入结构优化机制是我国经济结构优化的重点之一，我国传统的要素驱动必须转变为创新驱动、技术驱动才能保证我国经济发展具有持续的动力，才能保证我国经济持续健康发展。

9.3.4 消费结构优化机制

长期以来出口是我国经济发展的重要动力之一，然而随着国际竞争日益激烈，依靠外部消费拉动经济增长的经济模式受到越来越多的限制，消费结构优化机制就是要将我国经济增长的动力由外部消费转变为国内消费。我国作为世界上人口最多的国家，随着国民收入的提高，国内市场庞大的消费潜力逐渐显现。图 9-4 是 2009—2018 年"天猫双十一购物节"成交额，到 2018 年成交额已经突破 2000 亿元。国内消费增长的同时，消费结构也在发生变化，我国居民的商品消费结构已经由低端商品转向中高端商品。消费结构升级优化机制一方面是出口向国内消费的转化，另一方面是国内居民商品消费结构的变化，经济新常态背景下，消费结构优化机制将助力"中国模式"转型，同时为中国经济未来增长提供新的增长点。

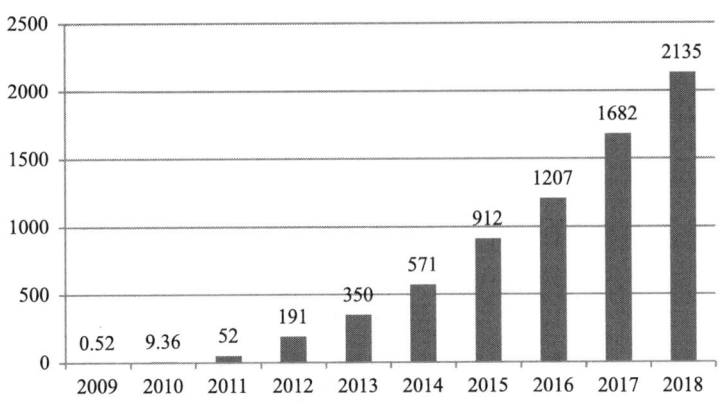

图 9-4　2009—2018年"天猫双十一购物节"成交额（亿元）

9.4　约束机制

经济新常态下，"中国模式"的转型需要环境、制度、分配关系等约束机制的建立，约束机制的建立能够规范现行市场秩序，促进社会公平，为转型提供坚实的制度依据。虽然改革开放以后我国经济迅速发展取得了一定的成就，但是因为我国经济发展速度较快，导致经济发展中的环境建设、制度完善、分配关系等配套约束机制建设滞后，引发了经济发展中的市场不公平、制度缺失、分配不合理，完善约束机制是转型期我国经济发展的重要任务，也是我国未来经济稳定科学发展的保证。

9.4.1　环境建设

经济新常态下，经济的发展将更加依靠创新驱动，依靠附加值高的产业带来经济发展。而创新的发展需要自由流动的市场环境、公平的市场秩序、丰富的人才储备。经济新常态下"中国模式"转型的环境约束机制完善，首先要发挥市场在资源配置中的决定作用。市场在社会资源配置中起决定性作用，让市场决定商品价格，这样才能保证生产要素的流动以利润为导向，有效调节市场供求关系，实现市场总供给和总需求的平衡。其次要弱化政府在资源配置中的作用。长期以来我国政府直接干预市场导致市场秩序的不公平，国有企业利用政府背书，在获取资源、融资、定价等方面相比于民营企业有太多的优势，这大大影响了我国民营企业的生产积极性。而国有企业并没有最大化利用自己的优势，反而造成了资源的浪费和生产效率的低下，未来我国经济的发展应打破国有企业与民营企业之间的不平等地位，创造公平的市场竞争秩序。最后要提高人才待遇，挖掘人才潜力，储备丰富的人才。创新驱动经济发展的关键还是在于人才，特别是高精尖领域的优秀人才。我国现行的政策对人才的待遇有待提高，在科学一线工作的人才奋斗一生所得到的财富补偿不及大牌明星一次的出场费、大牌演员的出演一部电影的收入，畸形收入背后反映的是人才待遇体系的缺失。

通过丰富的人才储备、自由流动的市场环境、公平的市场秩序建立创新环境约束机制，将有利于创新驱动机制的高效运行，推动"中国模式"成功转型。

9.4.2 制度完善

经济新常态下，"中国模式"的转型是经济发展方式、经济结构等多方面的转型，在这种背景下，基于过去经济发展模式的制度需要完善，以为转型中以及转型后的经济发展提供制度保障。为了适应新形势下的经济发展，已经将社会主要矛盾的变化和发挥市场在资源配置中的决定性作用写入党章，成为指导我国经济发展的重要指南针。

经济新常态下，财政税收制度、知识产权保护制度、人才激励制度等各项制度都需要进行完善。财政税收制度的完善就是要减税降费，大力支持实体经济的发展，特别是高精尖行业的企业要给予更大的扶持力度，解决这些企业发展的后顾之忧。知识产权保护制度的完善就是大力加强对知识产权的保护、对创新的保护，我国过去宽松的知识保护环境虽然在某种程度上有利于整个行业技术的快速提升，但是随着经济的发展，我国对尖端创新的需求更加迫切，为了鼓励尖端创新，必须加强对创新的保护，对于侵权行为进行重拳打击，为更多的尖端创新提供公平的发展环境。人才激励制度就是提高人才待遇，一方面制定政策吸引海外人才回国效力，另一方面自行培养并留住专业技能过硬的高科技人才。除了财政税收制度、知识产权保护制度、人才激励制度，还有更多的制度需要建立和完善，这些制度的建立和完善，不仅是为了经济新常态下"中国模式"的转型，更是为了我国未来经济的发展提前做好制度保障。

9.4.3 分配改善

分配制度指的是劳动产品在社会主体中的分割和配给制度，处于社会主义初级阶段的我国一直坚持的是按劳分配为主体，多种分配方式并存的分配制度。20 世纪 80 年代我国又提出了"先富带后富，最终实现共同富裕"的政策。然而随着经济的不断发展，我国居民收入之间的差距越来越大，收入分配差距大表现在改革开放后我国城乡收入差距、地区收入差距、行业收入差距、职业收入差距、不同人群之间收入差距都有着明显的扩大。以行业收入差距为例，1978 年我国人均工资最高的电力煤气业人均工资 850 元，人均工资最低的社会服务业人均工资为 392 元，差距为 458 元。而到了 2017 年我国人均工资水平最高的信息计算机软件业的工资为 133150 元，而人均工资水平最低的农林牧渔业工资为

36504元，差距为96646元，而且这种差距还有继续扩大的趋势。基尼系数是世界上通用的衡量居民收入差异的指标，根据图9-5可以看出，我国的基尼系数长期高于0.46，根据国际惯例基尼系数处于0.4~0.5区间内视为收入差距较大。

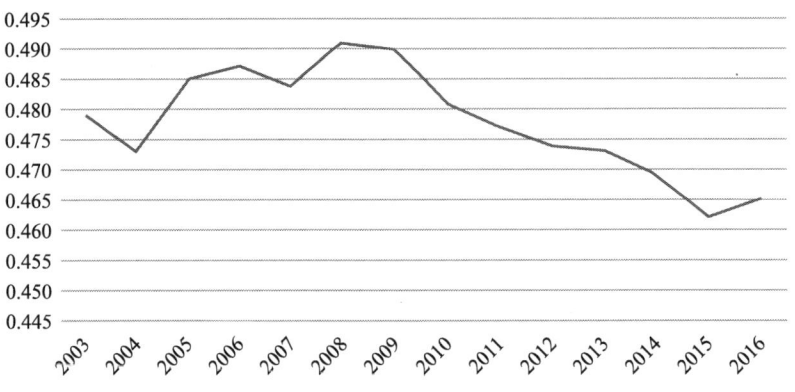

图9-5 2003—2016年中国基尼系数

我国居高不下的基尼系数为我国经济的未来发展埋下了一定的隐患，未来我国经济的发展必须要保持稳定和持续，这样才能稳步提高国家实力。在经济新常态背景下，调整收入分配格局，缩小收入分配差距是我国经济社会转型的切入点，也是"中国模式"转型的切入点。分配改善也是内需拉动经济增长的前提，多年来我国内需拉动经济增长的动力一直不足的重要原因就是收入分配差距大，因为在我国低收入人群占比大，但消费能力却有限。因此缩小收入差距，让所有人的钱包鼓起来一方面改善了我国当前不合理的收入分配局面，有利于经济新常态背景下"中国模式"的转型；另一方面也促进了内需增长，使我国拉动经济增长的模式更加合理。

第 10 章

新常态下"中国模式"转型的路径

进入 21 世纪后,经济模式转型已经成为中国经济发展绕不过去的坎。经济新常态背景下,中国经济发展模式发生深刻变化,增长速度由高速向中高速转变,发展方式由规模速度型粗放增长向质量效益型集约增长转变,产业结构由中低端向中高端转变,增长动力由要素驱动向创新驱动转变,资源配置由市场起基础性作用向决定性作用转变,经济福祉由非均衡型向包容共享型转换。经济新常态的特征"中国模式"的转型指出了明确的路径。

10.1 从数量增长向质量增长的转变

早期对"经济增长"的定义为一国国内生产总值或国民产出的增加,侧重于经济总量的增加,然而随着经济的发展,侧重经济总量增加的经济增长方式被证明不能保持经济增长的持续性和稳定性。在这种背景下,以提高效率为基础,强调结构优化和质量提高的质量增长型经济发展方式受到越来越多的青睐。

在 20 世纪 80 年代"赶超战略"的背景下,我国通过数量经济增长方式,连续多年增长速度超过 10%,成为世界经济发展史中的"经济增长奇迹"。然而在这个"经济增长奇迹"的背后,数量经济增长的经济发展模式所带来的资源浪费、环境污染、经济结构不合理、收入差距大、地区发展不平衡的问题逐渐显现。针对数量经济增长所带来的问题,质量型经济增长被提出,质量型经济增长注重经济结构的平衡发展,关注人的发展,注重环境的保护。我国政府在经济发展过程中也逐渐认识到单纯追求 GDP 增长所带来的创新不足、收入差距过大、环境污染和资源浪费,党的十七大明确提出要促进经济"又好又快"发展,不再是原来的"又快又好"发展,"好"字当头的实质就是要转变经济发展方式,弱化 GDP 增长目标,追求我国经济的高质量发展。追求经济的高质量发展,是我国面对当前复杂国际国内形势所作出的选择,也是我国从"经济大国"走向"经济强国"的必然道路。实现我国从数量增长向质量增长的转变,需从三个方面着手。

10.1.1 追求质量超越

中国经济起步较晚,特别是我国的市场经济发展远远落后于现在的美国、日本、德国等经济强国。2010年后虽然我国的GDP总量超过日本成为仅次于美国的世界第二大经济体,但是我国这种注重数量增长的GDP增长方式不具有可持续性。为了保持我国经济的持续稳定增长,转变经济发展方式,注重经济质量增长才是我国经济长远发展应走的道路。因此,我国经济现行发展过程中追求数量和规模增长的发展方式应转变为追求经济质量增长。经济质量增长的本质是效率提高,也就是说用同样的投入产生更高的产出,从世界范围来看,我国能耗强度仍旧高于世界平均水平。以2010年不变价格计算,我国2016年万元GDP能耗为0.680吨标准煤,虽然相比于1978年已经降低了超过70%,但是我国的能耗强度仍是世界平均水平的1.4倍,是发达国家平均水平的2.1倍,仍有较大的下降空间。经济质量增长的另一个体现是经济增长的成果是否惠及于民,2018年我国人均GDP约为9500美元,在所有国家中排名第70位,远低于美国、日本、德国等发达国家,而2018年我国人均可支配收入约为4158美元,我国人均可支配收入占人均GDP的比例仅为43.7%,而发达国家这一数据一般为50%~60%,美国2016年人均居民收入占GDP的比重已经达到了69.7%。我国虽然经济总量规模已经非常庞大,但是经济效率不高、人民能够享受到的经济成果仍然较少,追求质量经济增长,才是我国追赶发达国家,走向经济强国的正确道路。

10.1.2 经济结构升级

实现从经济数量增长向经济质量增长的另一个转变是经济结构的升级,经济质量增长的前提需要经济结构升级,最终结果是经济结构的再次升级。我国在国际经济竞争中的地位一直落后于发达国家的重要原因就是我国经济结构的落后。从三次产业结构来说,我国的第三产业即服务业比重远远落后于发达国家,第三产业不仅能够带来大量就业,更重要的是第三产业的繁荣代表着整个国民经济的繁荣,这种局面下的经济增长才有更好的持续性。从投资、消费、出口拉动经济增长的情况来看,我国改革开放40年的经济高速增长依靠的是劳动密集型产品的出口、固定资产投资,当经济发展到一定程度,出口和投资对经济增长的拉动就会减弱,依靠国内需求引致的消费拉动经济增长更利于经济的高质量增长。从我国出口的产品结构来看,我国出口的商品结构仍集中于劳动密集型产品和资源密集型产品,但是经过几十年的出口,我国可出口的资源已经越来越少,人口红利也逐渐消失,依靠劳动密集型产品和资源密集型产品出口的发展方式已经不再适应当前经济发展,但是我国可出口的高科技产品却有限,核心技术依然掌握在发达国家手中,以至于美国对中兴的"芯片禁售"在国内引起轩然大波。因此,未来中国经济结构升级是我国以质量增长为核心的经济向前发展的前提。

10.1.3 创新驱动经济发展

创新是一个国家的灵魂，也是一个国家赖以生存的核心竞争力，尤其是对于我国这样起步较晚的发展中大国，培养自主创新能力，创新驱动经济发展是国家的核心战略。经济数量增长转变为经济质量增长的技术支撑就是创新，没有创新，也就没有经济质量增长，因为第三产业的发展需要科技作为技术支持，出口商品结构的调整也需要高精尖技术的支持，毫不夸张地说，没有创新就没有经济结构的优化调整。我国政府已经出台了大量政策鼓励自主创新，2006 年，《国家中长期科学和技术发展规划纲要（2006—2020 年）》公布；2015 年，《中共中央国务院关于深化体制机制改革加快实施创新驱动发展战略的若干意见》发布；2016 年 5 月，中共中央、国务院发布《国家创新驱动发展战略纲要》，纲要对我国未来创新驱动经济发展制定了明确的方案和路线。在政府的支持下，我国的创新能力不断增强。2018 年 7 月，世界知识产权组织发布 2018 年全球创新指数报告，我国首次跻身最具创新力经济体 20 强，世界知识产权组织经济和统计司综合指标研究处处长沙夏·文森特评价说，中国是唯一一个创新指数持续攀升的国家。在全国人民的共同努力下，我国的创新能力不断攀升，创新驱动经济发展的局面逐渐形成，这不仅为我国应对经济新常态下的复杂经济形势提供了保障，更为我国经济数量增长转变为质量增长奠定了基础。

10.2　从产业价值链的低端向高端转变

全球价值链是商品生产或服务实现过程中商品或服务在研发、生产、制造、消费、售后等活动中构成的价值创造链条，世界各个国家因为其在产品生产或服务实现过程中承担不同分工而处于全球价值链的不同位置。全球价值链形成源于发达国家为了降低土地、劳动力和环境污染成本，而将附加值低的加工制造等产业分工转移到发展中国家。改革开放后，发达国家利用我国劳动力丰富且成本低的优势，将大量加工制造企业转移至我国，我国为了经济快速发展和学习国外先进企业技术与管理经验，也引进了大量劳动密集型产业。

1992 年，宏碁集团创办人施振荣先生提出了"微笑曲线"理论，如图 10-1 所示。"微笑曲线"以产品研发到售后业务工序为横轴，各项工序附加值高低作为纵轴划出的两头高中间低的曲线。也就是说产品的附加值更多集中于研发和市场两端，中间生产制造附加值低，利润空间极小，企业只有不断从附加值低的区域向附加值高的区域运动，才能具有良好的发展前景。

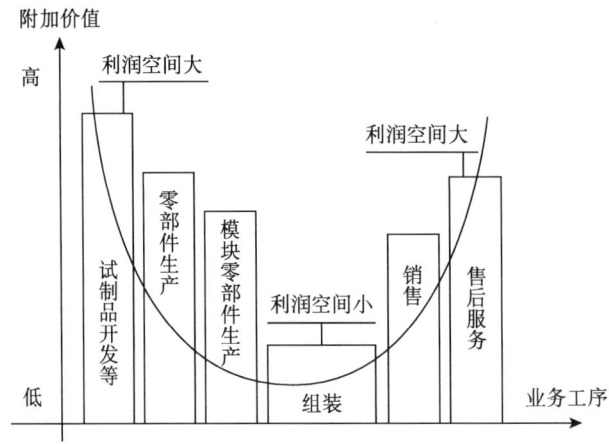

图 10-1 微笑曲线

而在全球价值链视角下,发达国家处于附加值高的研发和市场环节,而绝大多数发展中国家则处于附加值低的生产制造环节。改革开放后,发达国家企业利用我国丰富且低廉的劳动力资源,在我国开设了加工制造工厂,我国一度成为著名的"世界工厂",但在这背后,我国获取的利润却是极少的。以苹果手机的生产为例,一部生产、组装工作在我国完成的苹果手机,我国只能获取2%的利润,而苹果公司获得的利润达到58%,但事实上大部分生产工作是由我国完成的。

经济新常态下,我国人口红利逐渐消失,中国经济模式面临转型,从附加值低的加工制造环节向附加值高的研发和销售环节转移是"中国模式"转型的必然选择。推进中国智造,树立中国标准,抢占国际市场是我国从产业价值链的低端向高端转变的重要举措。

10.2.1 推进中国智造

新常态背景下,"中国模式"转型的过程中,将"中国制造"转变为"中国智造"是中国经济从产业价值链的低端向高端转变的关键一步。很长时间以来,我国出口的产品只能赚取微薄的利润,原因在于不能掌握核心科技,我国出口的大部分高科技产品核心技术在发达国家企业手中或者需要依靠中间品进口然后再加工出口,美国的一纸禁令使得我国通信行业的领头企业受到了巨大的打击,向产业价值链的高端转变已经成为我国当前经济发展必须首要解决的问题。新常态背景下,我国应更加关注尖端科学领域的探索,根据《增强制造业核心竞争力三年行动计划(2018—2020年)》,我国将在轨道交通装备、高端船舶和海洋工程装备、智能机器人、智能汽车、现代农业机械、高端医疗器械和药品、新材料、制造业智能化、重大技术装备等领域加大研发力量,组织突破关键技术,提高自主创新能力,向产业价值链附加值高的区域移动。我国现在发展较好的独角兽企业,多集中于电子商务、互联网金融、物流、文化娱乐等领域,这种发展方式应得到改变,真正的经济强国应该是制造业强国,在制造业领域掌握关键技术,才能在世界经济竞争中具有较大的优势。

10.2.2 树立中国标准

我国市场经济起步较晚,加入 WTO 的时间相对于世界上其他经济体也较晚,因此在国际贸易中我国受到很多限制,我国很多商品的标准不能够被发达国家所接受。"三流企业做产品,二流企业做品牌,一流企业做标准",面对经济新常态国际国内复杂的经济形势,在国际市场上树立中国标准已经成为我国占据全球产业价值链优势地位面临的必然选择。近年来,我国依靠自主创新能力,已经在高铁动车组技术、特高压输电技术上确立了属于中国的国际标准。高铁是近年来我国在国际上的一张靓丽名片,以"复兴号"为代表的高速动车组 254 项重要标准中,中国标准占 84%,这标志着我国动车组技术已经自主化和标准化,这大大有利于我国在国际上开拓市场,获取具有高利润的订单。特高压输电技术作为世界上最先进的输电技术,目前只有中国掌握,我国自主研发的柔性特高压技术已经被作为国际标准在世界推广,我国基本占据了世界电网技术的制高点。虽然高铁动车组技术、特高压输电技术已经在国际上基本确立了中国标准、中国领先地位,但对于一个人口众多的发展中大国来说,占据全球产业价值链的优势环节,我国还有很长很艰难的路要走。

10.2.3 抢占国际市场

数十年的改革开放,让中国制造遍布全世界,中国成为"世界工厂",也可以叫作"世界代工工厂""世界组装厂"。如果按照组装并出口商品的数量来说,中国已经成为国际市场上的领先者,然而我国真正要抢占的国际市场是我国拥有自主品牌的、附加值高的国际市场,这是我国从产业价值链低端走向高端的重要一步。根据微笑曲线,附加值高的产业分工中,以服务最终市场为目的的销售、售后环节是除研发外附加值最高的环节,而占领该区域的关键是品牌建设。历经几十年发展,我国虽然经济快速增长,但是拥有的自主品牌极少。2018 年 10 月,世界著名品牌咨询机构 Interbrand 发布了《2018 年全球最有价值品牌榜》,在这 100 个品牌中,中国只有两个,排名第 68 位的华为和第 100 位的联想,前 50 位中没有中国品牌。经济新常态下,中国经济已经没有丰富且低廉的劳动力,依靠代工、组装等低附加值的业务工序获利推动经济向前发展的动力已经明显不足,必须尽快培养自主品牌,通过品牌竞争抢占国际市场,在高附加值的销售环节攫取利润,实现我国经济从产业价值链的低端向高端转变。

10.3 充分发挥市场机制的作用

市场机制指的是市场内各要素相互制约、互为因果的联系与作用，价格机制是市场机制的核心。市场机制理论源于西方，从 19 世纪 70 年代至今，学者对市场理论的认识逐步加深，均衡市场理论、垄断竞争、市场失灵等关于市场运行机制的理论一直是学者研究的热点。虽然市场机制有弊端，但是人类经济发展史证明了市场机制是调节经济最有效的方式。市场经济的调节作用，像"看不见的手"调节着生产经营活动，在市场机制的作用下，人们为了追求经济利益最大化，必然把资源投入到利润最高的领域，市场机制通过调节经济活动影响人们的生产、分配、交换、消费活动，包括生产什么、生产多少、分配什么、如何分配、分配数量、交换价格、消费什么、消费数量等。

我国市场经济也经历了一个非常曲折的过程，改革开放初期对资本主义和社会主义的认识没有搞清，以至于很多学者认为搞市场经济就是在中国实行资本主义，以至于我国改革开放初期的市场经济发展极其缓慢。1992 年，邓小平视察南方谈话明确指出市场经济和计划经济都是经济手段的一种，社会主义也有市场经济。在这一科学论断的指引下，我国政府逐步认识到市场经济的作用，1992 年党的十四大提出建设社会主义市场经济体制，使市场在政府宏观调控下对资源配置起基础性作用。进入 21 世纪，随着我国加入 WTO 以及国内市场经济所带来的经济活力，我国政府对市场经济重要性的认识更加充分，十六大报告指出要在更大程度上发挥市场在资源配置中的基础性作用，党的十八大对市场机制的认识再次加深，十八届三中全会明确提出，要使市场在资源配置中起决定作用。经济新常态下，我国所面临的是更加激烈的国际竞争和更加繁荣的国内消费市场，持续推进"放管服"改革，建立独立性的市场竞争体系，以发挥市场机制在调节市场、配置资源中的决定性作用，才能使经济发展更有活力。

10.3.1 持续推进"放管服"改革

因为新中国成立初期我国实行计划经济体制，以及我国市场经济起步晚、不成熟的特点，我国政府在经济调节中一直承担着较多的作用，政府干预市场的现象仍比较多。为了进一步激发市场活力，减少政府对市场的直接干预，我国政府提出了"放管服"改革，就是要简政放权、放管结合、优化服务。简政放权就是政府要把权力放给企业，放给市场，让企业和市场去决定价格，发挥市场在资源配置中的作用。特别是在公共产品的供给领域，我国政府承担了太多的任务，给政府财政造成了巨大压力，各级财政都面临较大的债务率，未来政府应将能够市场化的公共产品推向市场，让市场承担提供这些商品的任务。市场提供商品将大大提高商品的使用效率，为商品确定较为合理的价格，在一定程度上达到节约资源的目的。放管结合，就是政府要创新监管模式，促进公平竞争。在大数据时代，政府的监管应该利用新技术转向幕后，对于涉及人民生命财产安全的关键领域，应做到事前事中事后的全面监管，类似"长生生物疫苗"这样的医疗领域应通过技术手段加强监管。而对于行政审批事项，政府应加强各单位之间信息的共享性，避免让企业向多个单位进行同一事项的审批。最后，政府摆正位置，做市场的服务者和辅助者，建设服务型政府。让市场在资源配置中起决定性作用和更好的发挥政府作用，正确处理好政府和市场的关系是我国经济向前发展的前提，政府应更多承担为企业服务的责任，不直接干涉企业的经营，用更加现代化的技术服务企业。

10.3.2 建立独立的市场竞争体系

经济新常态下"中国模式"的转型需要市场在资源配置中起决定性作用，而使市场在资源配置中起决定作用的关键是建立独立的市场竞争体系。当前我国市场竞争体系中存在多方面问题，首先，市场透明度不高，特别是在招标、项目审批、采购等方面，暗箱操作，内幕交易，潜规则盛行。以土地拍卖市场为例，在政府土地公开拍卖的过程中，很多时候拍卖方与政府勾结，提前谈好价格，找好陪标方，政府拍卖变成了官商勾结的利益输送。其次，部分基础产业价格不合理，因为我国计划经济体制的历史原因，使得我国行政性垄断的领域相对于其他国家来说太多，包括电力供应、水供应、成品油、天然气、医疗卫生等领域都是采用政府定价的方式，大大影响了市场机制作用的发挥，不仅造成了价格的扭曲，还造成了资源的浪费。最后，市场创新体制机制落后，我国因为市场经济起步较晚的原因，很多市场体制机制都是模仿学习西方发达国家，这在金融、企业管理、政府治理等很多方面造成了与我国国情的不适应，政府应加强市场创新机制的探索和研究，找到适合我国国情的市场机制。

建立独立的市场竞争体系，要求我国政府首先要放开准入管理机制，让市场在更多领域发挥其应有的作用，除了关乎国家经济命脉的军事、航天等领域，其他领域都应允许民营企业进入，这样不仅能够降低政府的财政压力，还能够使资源的利用效率最大化。其次，实行全局统一的监管机制，破除价格保护。当前我国为了某些地区或行业的发展，对其实行了价格保护机制，这种做法短期来看能够给予这些行业和地区帮助，但从长远来看，这种做法会增加这些行业和地区的发展惰性，破坏市场的公平竞争，不利于我国市场的健康长远发展。因此除个别需要加以保护的地区外，应在全国实行统一的监管机制，形成全国统一的大市场。最后，加大优胜劣汰力度。未来经济质量的增长以及向附加值高的产业链转移，都需要有能力的优秀的企业。但是我国目前很多国有企业不仅没有为经济的增长作出贡献，反而要国家财政提供补贴，这样的企业应该逐渐从市场中淘汰掉，使有竞争力和积极主动性的优秀企业能够获取更多的资源，成为经济发展的支撑，推动"中国模式"成功转型。

10.4 加强政府的宏观调控

市场通过自身的价格机制、供求机制、竞争机制调节市场，合理配置资源，推进社会技术进步。虽然市场机制在调节市场方面具有优势，但也不可忽略其局限性。一方面市场经济的盲目性容易引起市场的较大波动，甚至出现不当竞争损害社会利益的行为。在农产品市场这种现象更容易出现，2010 年，大蒜、生姜、绿豆等农产品价格大幅上涨，2018 年 7 月，香菜价格暴涨 4 倍，产品价格上涨导致农民大量种植，而成熟后大量涌入市场又导致价格快速下跌，引起市场较大波动和恶性竞争。另一方面，市场经济导致收入分配差距过大。市场经济是一个优胜劣汰的竞技场，市场经济能够解决生产效率问题，但是其无法解决社会公平问题。资本主义的经济危机已经证明市场经济会导致资本家盲目生产，而工人却没有消费能力，造成生产相对过剩，社会矛盾激化。

市场经济的局限性要求经济发展中必须适当加以干预，以填补市场经济局限性。我国的市场经济因为起步较晚，因此在借鉴发达国家经验的基础上，建立了比较科学的社会主义市场经济体制。我国的社会主义市场经济体制从建立之初就将政府宏观调控作为重要的经济干预手段之一，这也是我国经济能够多年保持稳定发展的重要因素。宏观调控从经济全局出发，运用政策、法规从总量和结构上调节经济。经济新常态背景下，我国的宏观调控也需要作出一些调整，以推动"中国模式"的转型，具体来说经济新常态下我国政府的宏观调控应注重区间调控、重视预期引导、树立国际视野。

10.4.1 注重区间调控

区间调控是政府确定的宏观经济指标处于一个区间内，而不是一个确定的数值。长期以来，我国的宏观经济指标都局限于一个点，例如我国很长时间对 GDP 增速的要求是"保 8"，即 GDP 增速不得低于 8%，在这种具体经济目标的指引下，政府很多时候为了完成目标而直接干预市场。经济新常态背景下，面对复杂的经济形势，经济增速放缓是必然趋势，特别是在已经确定市场在资源配置中发挥决定性作用的前提下，明确的宏观经济指标为政府干预企业经营、干预市场提供了更多的理由，难以处理好政府与市场的关系。经济新常态下，我国政府的宏观调控应由以前的"点"调控转向"区间"调控，这样一方面能够确保调控政策的稳定性，让市场去调控经济的发展，只要宏观经济指标在合理的区间内，政府就不要去干预市场，从而给予市场合理有效配置资源的更大空间。另一方面，为创新发展营造了更加宽松的经济环境，创新的产生需要自由竞争的市场秩序，缩小我国与发达国家创新能力差距的关键是自由竞争的市场环境，发达国家创新之所以如此发达的重要原因就是企业的竞争倒逼企业通过创新战胜竞争对手，而我国国有企业和民营企业之间不平等的竞争地位使得国有企业天然不具备创新的土壤，而民营企业没有足够的资源去创新。通过政府区间调控，简政放权，不干涉企业竞争，使得市场企业自由竞争，优胜劣汰，才能提高创新能力。

10.4.2　重视预期引导

预期引导就是政府在经济宏观调控中，政府根据当下经济形势，制定合理的宏观调控政策引导未来经济良好发展。经济新常态下，政府放权市场，让市场发挥在资源配置中的决定作用，但是因为市场经济本身有其局限性，因此政府必须时刻监测经济发展，并适时制定合理的宏观调控政策引导经济发展。1929—1933 年，美国经济危机最终波及全世界，给世界经济造成了巨大的损失，相关统计数据显示，1933 年与 1929 年相比，整个资本主义世界工业生产下降了 1/3 以上，资本主义世界贸易总额缩减了 2/3。我国经济正处于追赶发达国家的重要阶段，避免经济较大波动，保持经济的平稳持续发展是关键，因此政府宏观调控必须做好预期引导。首先是政府应时刻对经济发展形势做好全方位监控，监控不代表干预，监控只是为了准确把握经济发展形势，以保证宏观调控能够做好事前控制，保持经济的稳定性，尽量避免因为较大经济波动带来的经济损失。其次，政府及时公布各项信息，确保信息的透明性，市场信息的透明性是市场中的个体进行各项决策的基础，信息不透明会导致企业发展方向不明确，甚至与经济发展大势背道而驰。最后，政府的宏观调控政策要及时，我国作为一个发展中的大国，政策从上至下有一个过程，这就要求中央政府对经济形势的调整必须及时，一旦发现问题迅速作出反应，以保证各项宏观调控政策能够及时引导经济良性发展。

10.4.3　树立国际视野

经济全球化已经成为世界经济发展的必然趋势，我国作为世界第二大经济体、最大货物贸易国，我国经济与世界经济已经深深融合在一起，我国经济发展与世界经济发展一荣俱荣、一损俱损。经济新常态下，我国经济与世界经济的关系将更加紧密，因此政府在宏观调控的过程中，必须树立国际视野，将我国经济嵌入世界经济体中，依靠世界经济贸易促进国内经济进一步发展，同时带动世界经济繁荣。首先，我国应通过宏观调控进一步鼓励对外贸易，通过与世界其他国家的贸易，学习其他国家的先进技术和管理经验，为国内经济确立新的增长点。其次，利用宏观调控政策，鼓励有实力的企业走出去在发达国家投资，在发达国家建立研发中心。当前依靠外商直接投资所能带来的创新溢出效益已经越来越有限，我国必须走出去，去发达国家投资才能缩小与发达国家的创新差距，为我国经济的增长提供新的增长点。最后，主动承担相应的国际经济责任，并适时主导成立相应的国际经济组织。我国作为世界上人口最多的发展中国家，在国际上承担了很多的经济责任，未来我国将承担更多的经济责任，同时我国应适时主导成立相应的国际经济组织，亚洲基础设施投资银行是我国迈出的重要一步,亚投行的成立不仅有利于将我国成熟的公路、桥梁、隧道、铁路等方面的工程建造能力推向世界,更有利于亚洲乃至整个世界经济的发展。

10.5 防范转型的风险

经济新常态下,中国经济在面临国内增长动能不足和国际市场疲软的情况下进行转型,转型过程中存在各种各样的阻碍因素和风险,因此做好转型期风险管理,及时识别转型期存在的风险并采取相应的应对措施能够保证"中国模式"的顺利转型。新常态下"中国模式"转型的风险主要包括国际竞争风险、房地产泡沫、政府债务风险、金融风险、社会风险。

10.5.1 国际竞争风险

新常态下"中国模式"转型的重要途径是创新驱动,通过创新优化产业结构、增加产品附加值、提高经济增长质量,而我国创新能力正处于由模仿学习到自主创新的阶段,完全的自主创新对于目前的我国来说很难实现,因此模仿学习发达国家的创新成为我国创新能力提升的重要方式。但是随着我国在国际竞争中的地位不断提高,发达国家对我国的技术封锁日益加剧。2018年4月,美国商务部宣布未来7年将禁止美国公司向中兴通讯销售零部件、商品、软件和技术,一纸禁令导致以中兴为代表的中国通信行业企业受到了巨大的冲击。虽然在一个月后,美国商务部解除了这一禁令,但是中兴付出了巨额赔款,管理层大洗牌,以及受制于美国的更高级别的随时监管。不仅中兴,华为的5G也受到了美国为首的部分西方国家的抵制。面对国际竞争风险,我国跨国企业在与发达国家企业合作时,应注重技术获取的合法性,不要授人以柄,以免遭到发达国家的"经济恐怖主义"的威胁,影响我国经济的发展。更为重要的是,我国应大力提高自主创新能力,逐渐摆脱对发达国家的依靠,从根本上避免因为学习模仿发达国家先进技术而引发的国际竞争风险。

10.5.2 房地产泡沫

进入21世纪后,我国作为一个发展中国家,经济快速发展,而房地产是我国经济繁荣发展的重要支撑,从21世纪初到现在,我国的房价基本处于一个稳步上升的过程,有个别年份,由于政府硬性的宏观调控政策存在下降。纵观世界各国经济发展历史,依靠房地产支撑的经济发展最终都会导致经济的大幅震荡。20世纪90年代日本的房地产泡沫破裂给日本经济所造成的影响至今没有消除,20世纪80年代日本成为仅次于美国的世界第二大经济体，日本对房地产市场大量投资导致了日本经济中房地产巨大泡沫，日本房地产泡沫破裂后，银行坏账剧增，国内民众背负了巨额的债务，极大影响了日本国内的正常消费，国民经济长期陷入负增长。日本房地产泡沫破灭所引起的经济崩溃已经为我国当前房地产市场的过度繁荣敲响了警钟，我国的房产空置率是世界上最高的，房地产投资应该得到控制，否则房地产泡沫破灭所引起的经济破坏力难以估量。房地产泡沫是我国经济发展中不得不面临并解决问题，经济的长远发展依靠的是高端制造业和服务业，依靠房地产开发和过度投资所造就的经济增长难以长期维持。经济新常态下，房地产泡沫破灭的风险应得到重视，政府应合理调控房地产市场，实现软着陆，避免房地产泡沫破灭所引起的经济大幅震荡，保证我国经济在平稳发展中实现转型。

10.5.3 政府债务风险

我国特殊的国情决定了政府在经济社会发展中承担着更多的职责，特别是社会保障、基础设施建设以及其他公共产品供给方面。然而，随着社会经济的发展和人民生活水平的提高，我国政府面临越来越大的财政压力。我国各省级政府都面临较大的负债压力，负债主体包括政府部门、政府融资平台、国有企业，全国各省级政府的平均债务率为120%，山西、上海、云南、吉林等省份的债务率超过140%。庞大的政府债务压力给我国经济的发展带来了很多的不稳定因素，特别是社会保障方面，存在巨大的隐形资金缺口。2015年，全国基本养老保险当年征缴收入不及总支出，而根据有关测算，2018年至2050年，企业职工基本养老保险累计缺口的现值为56.6万亿元，相当于2017年GDP的68.4%。我国政府债务风险已经超过了政府可承担水平，一味地土地抵押虽然短期解决了政府的负债难题，但长久来看将使得房地产泡沫更加严重。新常态背景下，政府债务风险是中国经济转型的重要风险，政府应通过合理手段降低负债规模，让市场承担更多的社会责任，以更好地发挥政府的宏观调控作用。

10.5.4 金融风险

近些年来，中国的实体已经被金融行业的套利逻辑所影响，总体杠杆率较高。随着我国经济进入新常态，因为产业转型升级以及劳动力成本上升导致实体经济的回报下降已经无法满足金融体系的要求，因此越来越多的企业开始依靠金融行业的套利逻辑和房地产投资来提高企业回报，导致杠杆率越来越高。我国上市公司中，很多不是以房地产开发为主的公司通过房地产投资完成企业盈利目标和"保壳"，很多已经濒临退市的上市公司通过出售房地产实现盈利，得以继续"保壳"甚至继续融资。更为严重的是很多金融机构通过收购控制上市公司，通过不断的资本运作获取短期收益，忽视企业长期发展，实体经济金融化的趋势越来越严重。金融应该服务于实体经济，为实体经济的发展提供支持，而不是实体经济的发展。大力支持实体经济的发展不仅是转型期我国经济工作的重点，更是我国未来经济发展的方向。经济新常态下，"中国模式"的转型应防范金融风险，坚决实施去杠杆政策，坚定金融为实体经济服务的定位。

10.5.5 社会风险

经济新常态下，中国经济增速有所放缓，但伴随着人民生活水平的提高和社会主要矛盾的变化，我国当前社会中出现了越来越多的问题。首先，贫富差距过大。改革开放初期"让一部分人先富起来"的政策让当时一部分人富了起来，然而先富起来的人依靠先富起来的优势在社会中占据了更多的资源，导致贫富差距越来越大。其次，基本社会保障明显不足。我国老年化趋势已经愈加严重，大规模老年人口所需要的社会保障需要由高额的经济发展成果作支撑，但我国作为一个发展中国家，经济发展质量不高，目前的经济成果远远难以满足社会基本保障的需求。最后，城市化问题加剧。伴随着我国大量人口涌入城市所带来的交通拥堵、教育缺失、环境污染、工作压力过大问题已经越来越严重，我国的百万人口大城市越来越多，城市人口的激增所导致的城市化问题最有可能引发社会矛盾，威胁社会稳定。经济新常态下的"中国模式"转型需要稳定的社会环境，因此转型期我国必须注重社会问题的解决，化解社会风险，为"中国模式"转型提供稳定的社会环境。

第 11 章

新常态下"中国模式"转型的创新支持

"中国模式"转型是一个长期发展的过程,"中国模式"转型创新路径必须从以下三个方面入手:构建"中国模式"转型的体制创新支持、构建"中国模式"转型的结构创新支持、构建"中国模式"转型的发展战略创新支持。

11.1 "中国模式"转型的体制创新支持

"中国模式"转型中,必须构建转型的体制创新支持,为"中国模式"转型提供体制保障,"中国模式"转型体制创新支持主要从以下四个方面做起:经济体制的创新支持、行政体制的创新支持、科技体制的创新支持和社会体制的创新支持。

11.1.1 经济体制的创新支持

我国经济转型 30 多年以来,计划经济体制转变为市场经济体制,已经初步建立起了市场经济体制基本框架,经济增长体制转轨的红利也得到显现,为中国经济近年来的持续高增长提供了很大的动力空间。我国的经济体制改革随着市场化进程的不断深入发展,已经基本实现预期目标。从微观层面来看,通过非公有制经济二次创业和国企改革,建立了广泛的微观体制结构;从中观层面来看,通过金融改革、投资体制改革、财政改革和税制改革,建立了契合市场经济需要的经济运行体制;从宏观层面来看,通过产权制度、投资制度和分配制度的改革,市场机制已经主导了基础资源配置。中国经济体制创新主要应着眼于:
1. 市场经济体制的完善。

社会主义市场经济体制的发展需要一个统一、开放、竞争、有序的发展环境,市场体系是市场经济体制有效运行的重要保证,社会主义市场的良好发展需要构建一个完善的要素市场和完善的市场价格机制。

2. 企业体制创新。

当下中国实行以公有制为基础,多种经济成分共同发展的基本经济制度,在公有制经济中占据主体地位的国有企业，应充分发挥其核心优势，提高国有企业发展的积极性和主动性，加强国有企业竞争实力，明晰国有企业产权。

11.1.2 行政体制的创新支持

以往的政府决策机制存在一定不足，例如政府决策和其行为方式在一定程度上存在短期倾向，长期规划具有不确定性，这方面需要不断改进完善，保障决策的科学性与稳定性。同时要积极发挥政府在科技创新活动中的重要作用，包括管理与服务，为改革科技管理体制创造条件，促进公平竞争创新环境的形成。

1. 正确处理政府与市场的关系。

从宏观经济管理创新的角度考虑，推动政府职能转变是要从管理型政府向服务型政府转型，注重政府公共决策机制的完善和决策质量的提高；同时，尽快建立经济信息管理系统，将经济信息因素融入宏观经济管理手段与体制改革当中，充分发挥政府的服务职能。

2. 转变政府职能。

行政体制改革的关键是转变政府职能，从管理型政府向服务型政府转型，在社会法制建设、维护市场公平竞争、促进经济运行稳定方面充分发挥服务型政府的作用。

11.1.3 科技体制的创新支持

我国以往的技术创新存在的显著问题是缺乏核心科学技术，例如我们的技术创新很大程度上是在模仿国外先进技术，或者直接引进，缺乏真正的创新，久而久之，此类创新对于产业发展、管理技术更新并没有太大的推动，对于经济增长质量的提高也就无法保证。基于此，要逐步改变这种现状，要促进由模仿创新向自主创新的转变，向协同创新的转变，真正实现创新驱动发展，拓展新增长红利的巨大空间。

1. 要依托科技创新，建立技术创新支持体系，保障经济增长质量和效益的不断提升。

从经济发展的趋势来看，创新型经济中的科技创新逐步取代技术创新，我国的科技发展近年来取得了较大的进展，形成了一定的科技创新成果，但是核心科技与关键技术的掌握有所欠缺，高新技术中的科技力量还有待进一步加强，经济增长中的技术含量仍然不高，自主创新能力总体较弱，支柱产业存在一定的外来技术依赖性，技术创新支持体系不完善，作用较弱。因此，迫切需要建立完善的技术创新支持体系，以着力推动自主创新，尽快完成模仿型创新向自主创新的转变目标，形成完备的技术创新体系。促使企业开辟新市场，扩大原有市场，加快产品更新换代，支持有条件的企业"走出去"，不断提高知识产权管理水平和技术创新投入力度，在海外进行知识产权布局，不断适应市场经济发展需要，促进经济增长质量和效益的不断提高。

2. 自主创新的关键是引进并培养高素质的创新人才，改变原有的已不适应发展需要的创新模式。

促进内生性的技术创新，不断形成具有自主产权的核心科技，真正实现创新驱动发展，不断开拓新增长红利空间。这个过程中增加投入是前提和基础，要加大研发、试验等创新活动环节的资金投入和人力资本投入，从先期投入到利益回报需要一定的过程，但创新驱动红利一定可以实现。另一方面，自主创新环境的营造和激励政策是实现自主创新的保障因素，政府应不断完善知识产权法律法规，强化知识产权保护，制定实施科学合理的科技政策，强化科技成果的转化运用，促进科技与经济的有机融合，保障创新驱动红利。

11.1.4 社会体制的创新支持

当代中国的转型已经由经济转型阶段转向综合转型阶段，其中社会体制转型的创新显得尤为重要。因而，通过社会体制的创新促进"中国模式"体制创新的路径在于：

第一，推进城乡统一与平衡，加快城市化进程，建立新型城市化。2010年起我国实施新型城市化战略，该战略是建立在可持续发展战略的理论基础之上的，实现人口、空间结构的两次转变，建设城乡平衡社会。新型的城市化战略强调生态保护和环境保护，认为人口、资源与环境的协调发展是经济发展过程中需要注意的重点问题。强调资源的有效配置，即资源在城乡间合理流动，依托完善的市场体系，解决劳动力市场分割等一系列问题。

第二，均衡人口结构与就业结构，推进新人力资源政策。人口红利逐步消失，我国进入老龄化阶段，这一现状要求我们寻求人力资本红利等新的增长红利，这是未来经济增长的重点。加大教育投入、推进教育体制改革、促进教育结构优化是人力资本投入的重要途径，通过一系列教育改革来提高全民素质，扩大人力资本红利空间。教育产业对整个经济产业结构的升级具有重要作用，教育改革与目标的实现要适应经济结构调整需要，人才培养要注重创新精神与能力的培养，完善创新人才管理制度，服务于经济社会发展和产业结构升级的需要。

第三，加快劳动力知识结构升级，培养高素质人才。当今社会是知识社会，科学技术是第一生产力，科学技术的发展离不开劳动者知识的积累与更新，要鼓励劳动者不断学习积累，优化提高个人科学素养与知识结构，整合创新，实现人力资源的合理配置，促进经济社会发展。

第四，伴随信息化的快速发展，我们的生活方式正在逐步改变。目前社会发展不平衡与市场体制不健全的一个重要原因就是信息的不对称，"互联网+"举措的提出就是应对这一问题。通过"互联网+"和相关信息化战略的实施，促进全社会资源共享，利用先进的信息化手段改造升级传统产业，为其注入充分的活力，促进经济社会快速健康发展。

第五，提倡适度消费，优化消费结构。消费结构在整个经济体系增长过程中具有重要影响，应该在全社会层面倡导培养公众良好的消费习惯与合理的消费行为，保障经济社会健康发展。

第六，建立和谐社会。社会主义和谐社会是民主法治、公平正义的社会，也是诚信友爱、人与自然和谐相处的社会，必须坚持以人为本、科学发展、改革开放和民主法治，要实现包容性发展，让劳动、知识、技术、管理和资本等要素的活力竞相迸发，兼顾公平与效率，充分挖掘创造社会财富的源泉，保障大多数人的利益，实现人与自然和谐发展。

11.2 "中国模式"转型的结构创新支持

"中国模式"转型中，结构创新的支持显得尤为重要，它是"中国模式"转型的核心。"中国模式"转型结构创新支持主要从以下四个方面做起：经济新常态下的经济结构化提升、工业化与城市化、城镇化的发展和推进网络经济发展。

11.2.1 新常态下的经济结构化提升

第一，我国需要加快创新宏观调控的各项政策。所以，在制定宏观政策上面，我国需要做到稳定政策并使之常态化，做好了稳定之后，就需要将重点和重心进行适当的调整。根据我国的国情和发展的需要，我国的经济政策和宏观调控需要不断强调经济结构调整的重要性，只有经济结构进行调整之后，经济上的发展才能达到常态化。

第二，我国需要重视改革的力量。改革是推动社会进步的动力。要真正实现社会的进步，就必须要重视改革。在改革过程中，我国需要加强改革财税制度，并且对国企和市场化要素进行重新定位，尤其是要明确在资源配置过程中，市场需要发挥其决定性的作用。

第三，我国需要实施发展战略方面的调整。对于发展战略而言，这主要指的是要建立一些促进我国经济结构全面转型并升级的新发展战略。其一，我国的发展战略需要向开放的战略调整。因为自闭就会导致落后，只有开放才能迎来更多改革的契机。只有实行"走出去"，我国才有更多的机会参与国际上的市场竞争，并通过跨国企业的建立，实行资源和经验共享。其二，我国的发展战略需要向新型的城镇化战略调整。城镇化的建设是未来我国发展的一大趋势，所以我国应该抓住这个机会加快实施发展战略方面的调整，实施城镇化建设。毫无疑问的是城镇化的建设对我国的发展是极为有利的。它不仅可以通过扩大内需来促进经济结构的调整，而且可以带动我国基础设施的建设。其三，我国的发展战略需要向扩大内需战略调整。经济的持续发展离不开扩大消费。消费水平的提高可以大力促进我国内需的增多。比如，我国可以大力开拓旅游业、信息服务业，这些产业可以扩大人们的消费需求。其四，我国的发展战略需要向创新驱动转移。创新是整个民族不断前进发展的动力。一旦一个民族缺乏创新，这个民族最终就得不到强大的发展。我国经济的快速发展在很大程度上取决于是否有创新。创新可以带来巨大的效益。它不仅使产业经济从低端走向高端，还可以大幅度提升产业的核心竞争力，为我国的产业在国际市场占得一席之地。其五，我国的发展战略需要向服务业战略调整。随着我国经济的发展，服务业成为一个具有重大意义的产业。因为服务业不仅可以大力促进就业率的提升，而且也是产业结构升级的重要组成部分。其六，我国的发展战略需要向新的区域发展战略调整。在我国，各个区域的发展是不平衡的。所以，在加快发展东部地区的同时，应该让东部带动中部和西部区域的发展，这样就可以带动整个中国的发展。

11.2.2 工业化和城市化、城镇化的发展

加快工业化进程，走新型工业化道路。我国工业化尚未全部完成，与发达国家相比还有较大的差距。工业化是现代化的核心内容，工业发展是工业化的显著特征之一，工业发展绝不是孤立进行的，总是与城市化和服务业发展相辅相成。我国在经济发展方式的转变过程中，要走新型工业化道路，走信息化工业发展道路。首先要强化科技创新，提高知识产权化水平与知识产权水平，促进科技成果转化运用，实现科技成果向现实生产力转化，增强质量意识与产品竞争力。其次要切实提高工业劳动生产率，主要依靠管理创新、技术创新，降低成本，提高经济效益。最后要加强投入，鼓励创新，加快高新技术发展，以高新技术为先导，不断改造传统工业，加快发展现代服务业，逐步形成新的产业发展格局。

当前我国城市化、城镇化进程正处于飞速发展的阶段。城市化、城镇化的进程体现了一国经济发展的水平，代表了经济结构的现代化。因此，我们应当改变对资源红利的利用，使得农村劳动力可以得到自由的流动。由粗放型的经济增长方式转向集约型的经济增长方式，发展与之相匹配的产业，调整农村产业结构升级，加大对基础设施和公共服务的建设。协调好大城市发展与小城镇建设、城镇化进程和新农村建设之间的相互关系。

11.2.3 推进网络经济的发展

中国经济增长进入新常态，伴随着大数据时代的来临，传统的经济增长方式已经不能很好地适应时代要求，我国的经济发展迎来了新的发展机遇，同时也面临极大的挑战。在此背景下，中国经济要在紧紧抓住大数据所带来优势的基础上，对增长方式进行转型，以期更好地适应新常态下经济发展的时代特点。

第一，经济增长的战略转型。"大数据"是具有开放性、低价值密度性以及精确性的海量、高增长率和多样化的信息资产。大数据技术的战略意义在于对这些含有意义的数据进行专业化处理，数据质量大幅提高。基于此，经济增长战略应调整为基于精确数据分析的集约式质量型经济增长，改变原有的粗放式数量型增长。

第二，经济增长的路径转型。如前所述，经济增长战略要改变原有模式，调整为基于精确数据分析的集约式质量型经济增长，那么相应的增长路径也要由数量型向质量型转型。同时加快国有企业转型升级，推动产业融合发展，如制造业与现代服务业融合，信息化与工业化融合。

第三，经济增长的动力转型。大数据时代下，知识经济和网络经济快速发展，数据分

析行业迅速崛起，小数据时代下基于数据不完全分析而进行决策已不能适应时代需求，产业信息化和智能化的快速发展与广泛运用即将成为经济增长的新动力，经济发展动力转型的需求迫切。

第四，经济增长的政策转型。经济增长的政策转型在大数据时代下显得尤为迫切，其中的关键问题是数据资源充分共享，在政策上应更加具有开放性，扩大信息和数据公开的力度，提高共享数据的利用率。这样的数据政策将更加有利于促进创新，充分发挥数据对经济增长的促进作用，在全社会层面推动大众创业与万众创新。

11.3 "中国模式"转型的发展战略创新支持

中国已成为世界第二大经济体，新中国成立以来实施的赶超战略也告一段落。不过，GDP 只是反映一个国家经济表现的指标之一，中国虽成为第二大经济体，但仍然是一个发展中国家。针对这一时期的经济特征，要适时调整经济发展战略，积极创造新增长红利空间。

11.3.1 战略思路的创新

战略思路上的创新可以归结为两个转型：一方面，经济发展驱动方式上来说是要实现从投资驱动向创新驱动的转型。改革开放 40 年来，我国经济保持了高速持续增长，这一阶段的经济发展主要属于要素投资的驱动，而目前新增长红利空间的创造需要真正实现创新驱动发展，以知识和高层次人才为基础，以技术创新、服务创新和商业模式创新为支撑，以具备自主知识产权的新产品新技术为突破口，大力发展创新产业，优化产业结构。另一方面，大力扩展竞争优势，由传统经济的比较优势向竞争优势转型。经济全球化快速发展的国际背景下，我们要发展开放型经济，强化知识、技术及人力资本在经济发展中的重大作用，强调竞争优势的战略思路，推进产业创新，突出创新驱动发展。

11.3.2 战略目标的创新

战略目标上的创新也可以归结为两个转型：一方面，从追求数量向追求质量转型。改革开放 40 年来，中国经济实施赶超战略，追求的是发展速度与数量，在成为世界第二大经济体以后，在中国经济增长进入新阶段的背景下，面对日益激烈的市场竞争和资源环境现状，要着力于提高经济发展的总体水平，实现数量速度型向质量效益型转型。另一方面，从富国向富民转型。富民这一核心理念在国民经济"十二五"规划中得到了全面阐释，并以此统领提高居民收入、缩小贫富差距、统筹城乡发展、推动社会建设、保障民生等各个方面的内容。传统经济发展的战略目标是富国，而向质量效益型战略目标转型需要强调富民，"凡治国之道，必先富民。民富则易治也，民贫则难治也"。富民就是要使人民富裕，包括利益合理分配、缩小贫富差距、扩大中等收入者比重、提高人民生活质量、完善社会保障、妥善解决就业问题等方方面面，切实使人民大众分享经济社会发展成果、得到最大收益、最大的社会福利。

11.3.3 战略内容的创新

新中国成立以来实施的赶超战略向质量效益型战略转型的主要内容具体包括以下四个方面：第一，经济增长结构的多元化向合理化、高级化转变。要不断增强产业结构的转变能力，加快形成现代产业体系，积极推动新增长红利时代背景下中国产业结构向合理化和高级化演进，由追求增长速度转向追求产业结构升级，在产业结构合理化、高级化的基础上求质量。第二，经济增长的形成机制从规模报酬不变向规模报酬递增转变。我国经济增长的形成机制在传统增长红利时代是通过规模报酬不变来实现的。随着全球第三次产业革命和经济发展进入新阶段，要创造新的增长红利空间，就要紧紧抓住历史机遇，扩大生产可能性边界，促进经济结构转化升级，使经济增长的形成机制尽快转向规模报酬递增。第三，更新技术创新方式，向现代化的技术创新方式转变。技术创新方式向现代化转变主要包括被动型转向主动创新型，国家投入型转向多元化多渠道投入型，模仿型转向自主创新型，水平创新转向垂直创新，单独创新转向协同创新等方面。第四，转变宏观管理方式，从以往的需求管理转变为供给管理。在新经济的时代背景下，传统需求管理的局限性逐渐显现，已不能适应新的增长红利时代需要，这就要求宏观管理方式从需求管理转变为供给管理，通过扩大生产的可能性边界来拓展新的红利空间，保障人力资源供给，调整财政支出方向，优化资源配置，企业创新活动更好地适应市场需求，同时宏观上调整供给结构，保障产能过剩行业平稳发展。

11.3.4 战略支持的创新

支持条件是保障战略实施的必要条件：第一，政策支持方面要充分发挥政策激励作用，尤其是科技政策对创新活动的激励，改变以往的单纯投资激励或规模激励，由投资激励转向创新激励，鼓励自主创新，从规模激励转向效率激励，鼓励效益的提高。要不断完善全面的创新政策体系，在科技政策、金融政策、产业政策、贸易政策中融入创新政策，弱化模仿创新和单独创新，鼓励自主创新与协同创新，积极创造新增长红利空间。第二，体制支持方面要正确处理政府和市场的关系，充分发挥市场主导作用，消除传统体制因素对经济增长的负面影响，建立以质量效益为根本的经济体制。第三，机制支持方面要充分发挥高校及科研院所的作用，形成产学研合作机制，组建产学研联合体。高校及科研院所具有人才优势、设备优势及良好的实验条件，在共性技术、核心技术及关键技术和研究开发中可以与企业紧密合作，各自发挥所长，协同创新，同时企业发挥自身资源优势、资金优势，加强科技成果的转化运用，最终形成新产品、新技术，带动新产业的繁育。最后，在组织支持方面要着力促进创新型企业的成长壮大。从世界经济发展过程及趋势来看，创新型企业在引领产业变革、推动区域经济发展、参与国际竞争等方面具有无可替代的重要作用，是创新驱动的主力军，是推动创新驱动和新红利空间创造的市场主体。同时注重社会综合服务机构的建立，鼓励社会力量建立专业化的技术创新中心、信息服务中心、相关资讯机构等，为大众创业万众创新提供专业化支持服务。

第 12 章

新常态背景下"中国模式"转型的政策支持

经济新常态下,中国经济面临经济下行、经济动能不足、国际经济市场疲软等一系列问题,单纯靠市场经济难以在短期内有效解决这些问题。改革开放几十年的经济发展已经证明我国政府通过政策引导经济发展的科学性和必要性,经济新常态下中国经济发展已经进入了"攻坚区"和"深水区",经济的继续向前发展需要政府宏观调控和相应的政策支持。新常态背景下"中国模式"转型需要积极的财政政策支持实体经济发展,需要稳健的货币政策促使经济平稳发展,需要促进三大需求协调发展优化产业结构,需要推进重点领域改革提高改革工作实效,需要引领产业创新发展使产业结构迈向高端。

12.1 积极财政政策

积极的财政政策指的是国家通过财政投融资进行国家基础建设,带动基建及相关行业的发展,从而拉动国内需求,促进人民生活水平提高和经济发展。改革开放以后,随着市场经济体制在我国经济发展中的地位逐步确立,我国财政政策在国家 GDP 中的作用有所弱化,但是随着我国经济进入新常态,我国经济结构调整、内需不足的压力逐渐增大,通过积极的财政政策拉动国内需求成为我国经济再次增长的重要手段。同时面对当前我国收入分配差距不断扩大的现状,财政政策作为再分配手段,积极的财政政策能够有效调节社会贫富差距。

12.1.1 扩大财政赤字和国债规模

财政赤字是一国当年财政支出超过财政收入的部分,根据国际货币基金组织公布的 2016 年世界主要国家财政赤字率,世界各国平均财政赤字率为 3.3%,根据《马斯特里赫特条约》,3% 的财政赤字率是国际警戒线。我国财政赤字率一直位于 3% 以下,与世界各国相比属于较低的财政赤字率,美国在 2001—2015 年的平均赤字率为 4.17%,日本则超过 6%。作为一个发展中国家，国家基础设施建设、社会保证、国防军工等支出速度较快，拥有一个较高的赤字率是我国实施积极财政政策的必然结果。在当前我国经济国内居民消费不足，经济下行压力大的情况下，政府通过增加财政支出，加大公共建设投资和转移支付力度，能够刺激消费，带动生产的发展，确保经济的稳定增长。但是财政赤字的扩大不是长久性的经济政策，而是我国应对当前"中国模式"转型特殊阶段的特殊政策，随着我国经济的转型成功，经济质量的提升，人民更加富裕，国内消费不再需要财政支出拉动时，财政赤字就应该回归合理范围，以保证经济的良性增长，为经济的未来持续增长和有效宏观调控留足空间。

国债是政府基于政府信用，向社会筹集资金，将社会闲置资金回笼，形成的政府与社会中企业、个人的债权债务关系。扩大财政赤字的重要途径就是扩大国债发行规模，1929—1933 年世界经济危机过后，美国所实行的积极的货币政策中赤字预算扩大财政赤字主要是靠发行国债来解决的。扩大国债发行规模就是政府增加国债发行的数量和规模，因其具有较高的信用度，因此是一种比较受欢迎的投资工具。企业和个人将手中的财富用于购买国债，政府变相刺激消费，实际上等于扩大了需求。通过扩大国债发行规模，政府将社会闲置资金用于社会基础设施建设和社会重大项目建设，国债发行规模的扩大能够抑制通货膨胀，提高人民生活水平，促进经济健康协调发展。经济新常态下，因为经济结构的调整致使经济下行是我国经济发展的必然趋势，扩大内需是我国经济转型期必须深入挖掘的新的经济增长点，扩大国债发行规模虽然短期内拉动了国内消费，但是这种需求不是主动的，实际上并没有真正拉动国内消费，只是将社会闲置资金用于了新一轮的固定资产投资。因此，通过扩大国债发行规模变相拉动国内消费的方式应随着经济转型逐渐弱化，通过增加人民收入激发人民主动消费需求从而带动经济增长是经济持续发展的长久之计。

12.1.2 规范地方政府举债

我国地方政府债务主要来源于 2008 年亚洲金融危机后。在 2008 年前民营经济的飞速发展带动了我国经济的迅速发展，但是 2008 年亚洲金融危机使得我国经济也受到了一定的影响，为了刺激经济发展，避免经济硬着陆，我国出台了一揽子刺激投资、消费、出口的政策。为了扩大内需，我国在 2008 年底出台了十项措施，匡算到 2010 年底实施十项措施需要投资 4 万亿元，这就是我国应对金融危机的"四万亿计划"。在 4 万亿元投资中，超过 70% 的投资资金由地方政府筹集。地方政府各类融资平台迅猛发展，2012 年后的经济下行压力增大使得政府债务问题更加严重，虽然地方政府举债为我国应对金融危机，保持经济增速起到了重要作用，但是我国政府严重的债务问题已经日渐凸显，有的地方政府债务已经严重超过警戒线，债务率超过 100% 的地方政府不在少数，有的地方政府债务率甚至超过了 200%。

经济新常态下，实施积极的财政政策是我国度过经济转型期的重要政策，但是积极的财政政策不意味着地方政府可以大量的违规举债，规范地方政府债务问题已经成为我国实施积极的财政政策中必须首要解决的问题。从 2014 年开始，我国就开始出台相应的文件来规范地方债务问题，2017 年《关于进一步规范地方政府举债融资行为的通知》由财政部、发改委、司法部、人民银行、银监会和证监会联合发布，将政府债务问题上升到了国家安全的高度。经济新常态下积极的财政政策需要增加地方政府债券规模，以保证重大项目建设投资和促进消费，但是加强地方政府债务管理的前提下合理科学增加地方政府债务规模才是真正意义上的积极的财政政策，才能保证经济的持续健康发展。

12.1.3　鼓励提高技术创新能力

新常态背景下"中国模式"成功转型的关键是技术创新能力，因为"中国模式"转型的核心问题是产业结构升级，这样才能为中国经济发展打下坚实的基础，而产业结构升级的关键是制造业迈向中高端，而只有技术创新能力提升才能确保制造业迈向中高端。为了提高技术创新能力，政府首先应出台人才支持政策，当前因为我国经济发展的不平衡导致很多人才待遇差，面临的社会压力大，不能专心投入研发工作，因此政府应出台对于人才的保护政策，包括住房、薪酬、福利待遇等方面，为专业人才提供稳定的工作环境，提高研发效率，扩大研发成果。其次政府应出台更加严厉的知识产权保护政策，我国当前正处于经济转型的关键时期，必须将知识产权保护放在重要的位置，在全社会形成尊重知识、尊重人才的良好局面，提高全社会的创新积极性。最后，出台相应的创新成果转化政策，我国虽然每年都申请了大量的专利，但是这些专利真正商业化应用的比例非常低，因此政府应制定相应的政策，筛选市场化预期效果好的专利进行商业化开发和应用，并设立专项资金用于专利的商业化开发，从而将创新成果转化成真正的生产力。

12.2　稳健的货币政策

2008 年全球金融危机给全世界经济造成了巨大的打击，为了恢复经济，各国央行使用各种货币政策工具支持实体经济的发展，货币政策地位被提升到了前所未有的高度。稳健的货币政策就是比较平稳的货币政策，不搞大水漫灌，也不搞收紧银根。经济新常态下，"中国模式"转型的过程中，经济的稳定发展是关键，因此实行稳健的货币政策支持实体经济发展，应对金融风险是非常有必要的。根据经济转型期我国的实际情况，实行稳健的货币政策主要包括五方面的内容，一是创新、灵活运用各种货币工具，保证货币供应量的合理性；二是根据经济发展的实际情况及时调整信贷政策，发挥信贷引导投资作用；三是执行金融稳定计划，通过货币政策化解金融风险，保持经济稳定发展；四是推进货币政策工具改革，合理利用各项货币政策工具调控经济发展；五是将货币政策直接调控逐步转变为间接调控。

12.2.1 灵活运用货币工具

在当前经济转型的情况下,需要灵活运用多种货币政策工具,保证合理的货币供应量,支持实体经济健康发展。2008年金融危机后,全球各国央行创新多种货币政策工具,我国作为世界经济大国,可以借鉴其他经济强国的创新货币政策工具,支持实体经济发展,保持市场流动性,推动中国经济模式转型。一般性货币政策工具包括存款准备金制度、再贴现政策、公开市场业务三种,三大货币政策工具为我国合理调节经济市场货币供应量,保持市场流动性发挥了巨大的作用。目前我国存在的主要货币政策工具如表12-1所示。

表12-1　　　　　　　　我国目前的货币政策工具

名称	主要内容
公开市场操作	央行买进或卖出有价证券
存款准备金	金融机构为保证客户提取存款和资金清算需要而准备的在中央银行的存款
再贷款与再贴现	再贷款是指中央银行向商业银行的贷款 再贴现是中央银行通过买进商业银行持有的已贴现但尚未到期的商业汇票,向商业银行提供融资支持的行为
利率政策	关于利率方面的各种制度、法令和条例的总称
汇率政策	通过金融法令的颁布、政策的规定或措施的推行,把本国货币与外国货币比价确定或控制在适度的水平
窗口指导	中央银行通过劝告和建议来影响商业银行信贷行为的一种温和的、非强制性的货币政策工具
短期流动性调节工具（SLO）	公开市场短期流动性调节工具,本质上是超短期的逆回购
中期借贷便利（MLF）	中期基础货币的货币政策工具
常备借贷便利（SLF）	公开市场短期流动性调节工具
抵押补充贷款工具（PSL）	央行向国家开发银行等银行发放贷款

根据我国的经济实际情况,2014年4月,中国人民银行创设抵押补充贷款工具(PSL)用于为开发性金融支持棚改提供长期稳定、成本适当的资金来源。2014年9月,中国人民银行创设中期借贷便利(MLF)。经济新常态背景下,"中国模式"的转型需要灵活运用各种金融工具并创新金融工具,为实体经济发展保驾护航。

12.2.2 及时调整信贷政策

信贷政策是国家在一定时期在信贷资金方面所实行的经济政策，包括贷款供应政策和贷款利率政策，其为一定时期经济发展指明了贷款的方向，确定了贷款的规模，明确了贷款的支持重点，促进了国民经济的发展。经济新常态背景下，"中国模式"的转型需要及时调整信贷政策，大力支持高端制造业、创新企业发展。首先信贷政策需要大力支持高端制造业发展，高端制造业为我国未来经济发展的持续动力，信贷政策应向高端制造业倾斜，对高端制造业贷款给予一定的支持，适当放松贷款条件。其次要大力支持创新企业发展，对于市场预期好，能够为人民生活提供便利的高科技服务业、具有发展潜力的新兴互联网企业，信贷政策应适当放宽，通过信贷支持为创新企业发展提供资金支持，支持创新发展和提升国家创新能力。但是需要注意的是，我国当前很多新兴企业打着创新的幌子，实际将资金投向房地产行业，这使得信贷政策的效用大打折扣，因此信贷政策要特别注意资金流向，保证信贷政策资金能够有效支持经济转型发展。最后，制定信贷风险防范政策，面对国内外复杂的经济金融环境，我国更要把信贷风险防范政策放在重要地位，当前我国社会信贷业务中不良贷款风险、地方政府融资平台贷款风险、小微企业贷款风险、网贷风险仍然显著存在，特别是网贷风险已经对社会经济发展产生了非常不好的影响。因此经济新常态背景下，"中国模式"转型的过程中风险防范政策应更加完善。

12.2.3 执行金融稳定计划

金融市场在现代市场经济中具有非常关键的作用，其一方面为实体经济的发展提供支持，另一方面又依靠实体经济的稳定发展，金融市场与实体经济是相辅相成的关系，二者共同推进经济发展。经济新常态下，维护金融市场的稳定至关重要，只有金融市场的稳定才能保证经济的稳定持续发展。转型期我国的金融稳定计划的核心内容是房市、汇市要稳，股市、债市要活。房市稳就是要将房价控制在合理的范围内，防止房价过快上涨和过快下跌，坚持"房子是用来住的，不是用来炒的"的正确定位。汇市稳就是要维持汇率稳定，防止汇率较大波动对我国进出口贸易造成较大影响，减小来自国际市场的压力。股市、债市要活就是在股市、债券市场要体现国家政策导向，通过新股发行和资产重组等方式支持有核心技术的创新企业、制造企业发展，对于产能过剩、生产效率低下的企业要淘汰，在股市、债券市场中形成良好的优胜劣汰竞争机制。当前我国金融市场仍存在较多风险，通过坚定执行金融稳定计划逐步平稳化解和治理我国当前存在的金融风险，将使我国的金融稳定运行基础更加牢固，确保经济转型平稳顺利进行。

12.2.4 推进货币政策工具改革

我国的货币政策历经多年发展，已经逐渐成熟，但是我国的货币政策工具与成熟发达国家金融体系相比仍具有较大差距。存款准备金制度一直是我国央行实行的重要的货币政策之一，但是其被视为一项作用比较猛烈的货币政策，很多发达国家都已经不再使用货币准备金政策。我国每年都会根据经济发展情况进行上调或下调法定存款准备金率，但相比过去，我国目前的存款准备金政策已经非常温和，21世纪初我国存款准备金率的调整幅度基本是1%，特殊时期甚至会高于1%，但是近年来为了减少货币政策对市场造成较大的冲击，引起市场较大的波动，目前我国的存款准备金率调整幅度一般都在0.5%，从长远趋势来看，逐步降低直至最终取消存款准备金是我国货币政策改革的必然趋势。随着我国经济进入新常态，货币政策工具的改革已经被央行提上日程，从2011年开始，央行已经着手推动了一系列货币政策工具改革。货币政策工具的改革一方面稳定了金融市场的发展，深化我国金融体制改革；另一方面能够更加有效保持市场的流动性，为实体经济发展提供充足合理的资本支持。

12.2.5 转变调控方式

长期以来我国货币政策都是以直接调控为主，随着市场化的推进，货币政策的调控应该由直接调控向间接调控转变，让市场在经济调控中发挥主要作用。新中国成立后，因为我国实施的是计划经济体制，通过行政命令手段干预经济运行是经济调控的主要方式，改革开放后中央银行通过现金发行和信贷规模管理等货币政策直接调控经济，20世纪末央行取消信贷规模管理，并采用人民币公开市场业务，由此开始我国货币政策逐步实现由直接控制向间接调控模式转型。随着我国经济逐渐进入新常态，货币政策间接调控经济，把定价权还给市场，让市场决定利率水平成为经济发展的必然趋势。我国央行也在一步步推动利率市场化，2012年6月我国首次允许存款利率上浮，2013年7月基本取消贷款利率管制，最终于2015年10月放开了存款利率浮动限制。随着我国市场经济的发展，不同金融产品之间和不同层次货币之间界线日益模糊，货币需求越来越不稳定，货币数量的可测性、可控性及与实体经济的相关性明显下降，在这种情况下传统上以数量为主的货币调控已难以适应当前经济发展的需要，确定以价格调控为主的间接调控是转型期我国货币政策发展的必然选择。2018年，我国开始不再公布任何具体货币数量目标，这标志着我国已经逐步放弃传统上以数量为主的货币调控方式。

12.3 促进三大需求协调发展

投资、消费、出口是拉动经济增长的经济模式，但是长久以来我国的经济增长过多依靠投资和出口，消费对经济增长的贡献率相对较低。三大需求协调发展拉动经济增长是经济健康持续发展的关键，随着我国经济进入中低增长和产业结构的优化升级阶段，三大需求协调拉动经济增长已经成为我国未来经济发展的重要出路。在我国当前经济发展阶段，为促进三大需求协调发展，政府首先应该完善收入分配制度，提高居民收入；其次消除城乡二元经济体制隔阂，拉动农村消费增长，引导投资流向，提高投资效率；最后，大力支持自主创新和品牌建设，提高出口产品的技术含量和品牌价值。

12.3.1 完善收入分配制度

收入分配制度的核心是促进社会公平，调整国家、企业、居民之间的收入差距，但改革开放后的经济迅速发展并没有实现整个国家的共同富裕，经济成果被少数人获得是不争的事实。我国已经成为世界上贫富差距最大的国家之一，根据统计，1988年全国收入最高的10%群体和收入最低的10%群体的收入差距是7.3倍，而到了2007年这一数据已经达到了23倍。收入分配制度改革不仅是促进社会公平的重要措施，更是拉动国内消费，促进三大需求协调发展的重要举措。我国从2004年就开始采取一系列重要措施调整收入分配格局，完善收入分配制度，缩小收入分配差距。

完善收入分配制度首先要完善初次分配制度，完善初次分配制度的关键是实施积极的就业政策，大力支持服务业的发展，通过就业提高居民收入，特别是提高中低收入者的收入，促进中低收入者收入合理增长，加强对国企高管薪酬的管理，从而提高居民整体消费能力。其次，健全再分配调节机制，通过税收、社会保障等再分配手段调节收入差距，减轻中低收入者和小型微型企业税费负担，建成覆盖城乡居民的社会保障体系，实行全国统一的社会保障制度，推进基本公共服务均等化，提高社会整体保障水平。

12.3.2 开拓农村消费市场

农村消费市场是我国国内消费市场的重要组成部分，因为我国农村庞大的人口基数，农村消费市场规模庞大，但因为农村相比城镇较为落后，收入较低，因此农村消费市场仍有巨大的开拓空间，农村消费市场的开拓对于拉动国内需求具有重要的促进作用。2018年农村消费品零售额超5.5万亿元，增长10.1%，农村消费增速连续七年超过城镇消费增速。但因为农村居民收入低和消费习惯没有养成，农村市场一直是我国消费市场的洼地，据有关数据统计，农村消费市场还有50%的空间有待挖掘。开拓农村消费市场，政府应从两方面着手，一是完善农村基础设施建设，农村的水利、交通、电力、销售渠道等基础设施的建设能够带动农村消费，拉动农村消费增长；二是提高农村居民收入，同时出台相应的农村消费补贴政策。为了拉动国内消费，我国通过职业培训、订单农业、合作社等多种途径提高农民收入，同时给予农村居民大量消费补贴，2008年我国实施的"家电下乡"政策，2009年提出的"汽车下乡"等都是开拓农村消费市场，拉动国内消费的政策。

12.3.3 引导投资流向

投资作为拉动经济增长的重要力量之一，对我国改革开放以来经济增长作出了重要的贡献，根据国家统计局发布的数据显示，改革开放以来我国固定资产投资保持快速增长，是拉动经济增长的重要力量。1981—2017年全社会投资累计完成490万亿元，年均增长20.2%。随着我国进入转型期，过度依赖基础设施建设、房地产等固定资产投资的发展方式应该作出改变，政府应通过制定相关政策引导投资流向，促进经济的长期繁荣。首先，政府应通过财政补贴、税收优惠等政策引导投资流向以高端制造业为代表的实体经济，实体经济是经济的支撑，实体经济中的高端制造业是未来国际竞争的核心，也是一个国家实力的重要体现，引导投资流向高端制造业支持高端制造业发展是经济转型期的重要支持政策。其次，政府制定政策引导投资流向中西部，地区发展不平衡是我国经济发展中亟待解决的重要问题，引导投资流向中西部，能够实现全国统一发展的良好格局，为经济持续稳定发展提供保障。最后，控制投资流向房地产和金融行业。房地产行业的发展只能带来经济的短期繁荣，且会抑制消费增长，我国房地产市场的过度发展在一定程度上阻碍了经济的发展，因此制定相应的政策限制投资流向房地产非常有必要。投资流向金融行业会加大金融市场杠杆，增加企业的融资成本，不利于实体经济的发展，制造经济虚假繁荣，因此限制投资进一步流向金融行业是经济健康发展的必然要求。

12.3.4 支持自主创新和品牌建设

在我国加入WTO以后，我国的劳动力资源优势被充分发挥出来，发达国家跨国企业纷纷将本国劳动密集产业向我国转移，在我国东南沿海一带设立了大批的代工厂，我国也依靠发达国家的产业转移，在国内纷纷发展劳动密集型产业，"中国制造"享誉全球，中国产品遍布世界各个角落。然而我国出口的商品附加值含量非常低，我国依靠的是大量劳动密集型产品的出口拉动经济增长。但全球金融危机后，国际市场受到剧烈冲击，依靠出口拉动经济增长的发展方式受到了巨大的影响，同时我国的人口红利也逐渐消失，依靠大量出口劳动密集型产品拉动经济增长的方式已经不能持续。但是出口依然是拉动经济增长的重要力量，特别是在经济全球化趋势下，进出口贸易是一国经济发展的重要组成部分。因此，调整出口产品结构，增加出口产品附加值已经成为我国未来出口的必然选择，我国政府必须出台相应政策支持跨国企业创新和品牌建设，保持出口产品的竞争力，保证出口持续拉动经济增长，促进三大需求协调发展。

12.4 推进重点领域改革

经济新常态下中国的经济已经进入"中国模式"的转型期,全面深化改革进入了新的攻坚阶段,在难点领域和难点环节的改革所面临的矛盾更加突出,涉及的问题更加广泛,更加具有敏感性,政府出台更加具有针对性的政策推进重点领域改革势在必行。首先是国有企业改革,深化国有企业改革是提高我国企业市场竞争力,打造公平的市场机制的重要手段。其次是优化民营经济发展环境,民营经济的发展事关社会稳定和经济安全,是经济转型期我国重要的政治和经济任务。最后是深化财税金融体制改革,财税金融体系是国家治理的基础,财税金融体系的建设应该与我国经济高质量发展的要求相适应,以促进经济平稳健康发展。

12.4.1 深化国有企业改革

新中国成立初期我国实行计划经济体制,依靠国家行政命令建立了一大批国有企业,国有企业在我国经济发展的历程中起到了重要的作用。但是随着社会主义市场经济体制的逐步确立,市场在资源配置中起到决定作用,依靠政府行政命令建立企业的方式已经不能适应我国经济发展的需要。同时,已有国有企业中管理不善、经营效率低下、官商勾结、资源浪费、员工没有工作积极性等问题也越来越突出。经济新常态背景下国有企业作为经济体系中的重要组成部分,深化国有企业改革是"中国模式"转型的重要一步。

深化国有企业改革,一是要制定严格的国有资产监督管理制度,当前国有企业效率不高的重要原因在于很多国企高管利用自身权利将国家资源为个人所用,利用国家权力为个人办事,大搞"老鼠仓"行为,通过严格的国有资产管理可以保证国有资产的非经营性损失,防止和避免国有企业中的资源浪费和高官腐败现象。二是健全国有企业公司治理结构,将国有企业推向市场,让国有企业在市场竞争中提高自身竞争力。虽然我国国有企业改革已经进行了很多年,但是我国国有企业中的行政命令式管理依然广泛存在,并在很大程度上决定着国有企业的发展方向,这使得国有企业发展与市场脱节,阻碍我国社会主义市场经济体制的建设。通过国有企业职业经理人市场化公开招聘等制度,让国企逐渐实现现代化管理,真正参与市场竞争,提高国有企业的核心竞争力。三是要建立完善的劣质企业淘汰制度,我国现存的国有企业中存在着大量的"僵尸企业",这些企业占用了大量的资源,但是却没有相应资源所应该的产出,浪费了资源,甚至还需要财政的补贴,这与我国国有企业淘汰制度不完善有很大的关系。四是深化公共经济领域改革,目前我国电力、油气、铁路、水利等公共资源长期由国有企业主导,这大大影响了公共资源提供的效率,而且给政府造成了较大的财政压力,通过根据不同公共物品特点实行管运分开,将竞争性业务全面推向市场的政策保证公共物品供给的高效性和合理性。五是国有企业混合所有制改革要继续推进,借鉴民营企业发展经验,实现国有企业改革创新、强身健体,增强国有企业的发展活力和核心竞争力。

12.4.2 优化民营经济发展环境

民营企业的发展不仅能够为社会提供大量的就业岗位,而且还能给国家税收提供不小的贡献。民营企业创造的社会财富迅猛发展,历经改革开放40多年的发展,民营经济已经成为社会经济发展的重要支撑力量,民营经济创造的GDP占比已从改革开放初期的1%迅速发展为2015年的50%以上,河南、浙江、辽宁、河北、福建等省份的民营经济产值超过60%,有的甚至高达70%以上,民营企业对GDP的贡献率在60%左右,民营企业为我国创造了大量的社会财富。但是民营企业发展过程中存在税费负担重、融资渠道不畅通、成本提高压缩利润空间等问题大大影响了民营经济的发展,经济新常态背景下,优化民营经济发展环境,对于"中国模式"转型至关重要。

优化民营经济发展环境,首先要为民营企业融资制定明确的融资支持政策。民营企业融资难问题一直是困扰民营经济发展的重要因素,因此通过制定相应的政策,鼓励银行、信托、保险等金融机构根据民营企业融资需求特点,采取不同信贷模式,为民营企业量身打造融资、结算等综合性金融服务是非常有必要的。其次要为民营企业减税降费。民营企业发展过程中来自政府的财政补贴相对较少,但是却和国有企业适用同样的税费标准,这大大增加了民营企业的税费压力,压缩了民营企业的利润空间,影响了民营企业的发展,因此国家需要出台相应的小微企业普惠性税收减免政策、增值税优惠政策等减税政策,减轻民营企业的税费压力。最后要弱化民营企业的社会责任要求。由于我国社会保障制度不完善,民营企业为满足员工社会保障需求,本身就承担了较大的人力资源成本,加之经济健康绿色发展的要求使民营企业的环保成本进一步提高,政府应通过相应的优化政策减少民营企业在社会责任方面所承担的成本,为民营企业持续发展创造足够的利润空间。

12.4.3 深化财税金融体制改革

财政是国家治理的基础和重要支柱,金融是国家的核心竞争力,深化财税体制改革关系到国家治理体系建设和治理能力现代化。然而我国财政金融体制与我国当前经济发展的高要求并不匹配,金融主体市场化不完善、金融创新不足、市场结构失衡、法律法规不完善等问题依然显著。社会财税金融体制改革能够为实体经济的发展提供更加有力的支撑,保障经济的健康稳定发展。

深化财税金融体制改革的核心是不再把金融当财政使用,我国经济发展中政府债务严重的重要原因就是政府把金融作为财政,政府负债问题是一个政府财政问题,财政纪律不严肃或者是财政框架没有建立和财政体制不完善的表现,但是我国政府却利用央行通过金融手段来解决，将财政和金融问题复杂化，造成二者责任难以划清，互相推卸责任的现象频现。随着我国经济进入新常态，应明确财政与金融不能任意替代，财政和金融体制虽然有明确的关系，但是二者各司其职才能防范化解风险，促进经济健康发展。

在财政体制和金融体制各司其职的基础上，一方面进一步推进财税体制改革。加快现代财税建设，修订完善预算法实施条例，实行预算公开化，加强预算执行管理；完善中央与地方税收分配方案，制定中央和地方税收规划，保证中央和地方税收分配的合理性；推进个人所得税的完善，出台烟叶税、环境保护税等各项税务立法。另一方面推进金融体制改革。加快发展完善各类金融市场，为市场主体的融资提供更多渠道；推进利率、汇率市场化改革，保证我国金融市场的市场化和独立性；完善金融监管制度，做好各项金融风险的防范工作；推动金融基础设施建设，完善我国金融的法律法规和各项技术及硬件支持；推动我国金融市场对外开放，与国际金融市场接轨，增强我国金融的国际竞争力。

12.5 引领产业创新发展

经济新常态下，我国产业转型面临着许多新趋势、新机遇和新矛盾、新挑战，适应我国经济新常态的关键是依靠科技创新转化发展动力，引领产业创新发展和经济转型。引领产业创新发展的实质是产业从价值链的中低端迈向中高端的过程，是产业竞争力全面提升和经济迈上新台阶的过程。引领创业创新发展，政府应通过支持传统产业改造升级、促进新兴产业快速发展、大力支持科学技术发展、推进大众创业万众创新四方面着力给予相应的政策支持。

12.5.1 支持传统产业改造提升

改革开放以来传统制造业、服务业、种植业助推我国经济追赶世界经济潮流，我国成为世界上综合国力较强的国家之一。进入经济新常态，单纯依靠传统产业促进经济发展的道路已经难以适应当今世界激烈的市场环境，但是传统产业仍然是经济发展的重要支撑，传统产业的改造提升是传统产业发展的新出路。

传统产业的改造提升核心是发展高端制造业，因此政府应通过财政政策、税收优惠等支持传统制造业的改造升级，加快传统企业技术升级和设备更新，从而发展我国的高端制造业，增强我国高端制造业在世界市场中的影响力。同时通过政策指导，围绕高端制造业发展高端服务业，促进先进制造业和现代服务业融合发展，提高我国服务业的服务质量，将高端制造业的优秀成果让人民共享，提高人民的生活质量和生活水平。同时我国也要利用我国在国际市场上的影响力，为我国大型跨国企业发展提供坚强的政府支持，帮助我国有实力的跨国企业在国际竞争中维护自身合法权益，在相关领域建立行业标准，让世界各国接受中国产品，提高我国企业在国际市场上的话语权。

12.5.2 促进新兴产业快速发展

经济新常态下，人类社会的发展是人类历史上变换最快的时代，在信息技术的支持下，新兴产业层出不穷，新一代信息技术、高端装备、生物医药、新能源汽车、新材料等新兴产业集群已经成为未来经济发展的新方向，发展中国家和发达国家都试图在新兴产业发展中建立自己的竞争优势，在新兴产业中领先国家势必将主导未来经济的发展，把握世界经济命脉。我国虽然是一个发展中国家，但是我国作为世界经济大国，促进新兴产业发展是我国由经济大国向经济强国转变的必然要求，也是我国获取未来国际经济竞争优势的关键所在。

促进新兴产业发展首先要给予新兴产业发展较为宽松的政策，新兴产业因为其业态模式的创新性，在发展过程中势必要对传统产业造成一定的冲击，甚至违反传统产业的行业规定，政府应通过制定宽松的政策让新兴产业自由发展，充分发掘新兴产业的潜力。其次，支持互联网等技术设施建设，互联网在信息传输方面具有巨大的优势，很多新兴产业都是基于互联网而发展的，通过互联网等技术基础设施的建设，在更大范围内普及互联网，将使已有的新兴产业市场更加广阔，同时为新一轮新兴产业的产生创造可能。最后，提供财政税收支持，新兴产业发展的初期所需要的资金投入和资源投入是巨大的，依靠新兴产业企业自身的造血能力将使很多新兴产业企业夭折，通过财政支持和税收优惠减少新兴产业企业发展初期的压力是促进新兴产业发展的重要举措。

12.5.3 大力支持科学技术发展

产业创新发展的核心是技术，没有领先的科学技术，产业创新发展也就无从谈起。首先，政府应通过产学研一体发展政策加大基础研究和原始创新力度，一方面鼓励高校和研究机构对基础研究加以重视，产生更多的原始创新，掌握关键领域核心技术，另一方面需要设立相应的政府引导基金，将原始创新和基础研究产业化和市场化，从而做到不仅有创新投入更有创新产出，让新的创新产出支持新一轮的创新投入，同时吸引更多的原始创新产生和科研机构及高效科学研究的积极性和主动性。其次，全面加强知识产权立法，保护知识产权。我国的知识产权保护法律的不完善影响了我国很多领域科学技术的发展，甚至有学者将知识产权出售到国外以获取收益，因此加强知识产权立法，加强知识产权保护工作，在全社会形成保护知识、尊重知识的氛围才有可能产生源源不断的技术创新，促进科学技术发展。再次，让科学技术自由发展，减少科研机构的行政命令式管理，在我国很多高校，拥有技术的人被不懂技术的人管理，甚至还需要根据所谓的"领导"来进行科学研究，在这样的氛围下，科学技术产生发展注定没有好的结果。最后，营造良好的科研生态环境，教育领域的学术不端、浮躁之风已经逐渐开始向科研领域蔓延，这就是我国拥有世界上最大规模的科技人才队伍而科学技术发展缓慢的重要原因。通过教育和科研领域的科研伦理和学风建设，营造良好的科研生态，有利于形成科学技术发展、创新成果涌现的良好局面。

12.5.4 推进大众创业万众创新

广义上的创新指的是为了促进社会向前发展而提出或创造的一种被人们认为是"新"的东西，可表现为事物、方法、程序、思维方式等多种形式，因此创新不应该只局限于研究所、高校等科研机构，创新应该是全民族的责任和使命。2014年9月，李克强总理在夏季达沃斯论坛提出了要在全国形成"大众创业，万众创新"的新势态，激发全国人民的创业精神和创新基因。创新本质上是人的创造性活动，人的主动性和积极性对于创新的重要性远高于各种形式的外在激励。在全社会形成"大众创业，万众创新"的良好局面就会要激发全民族的创新基因，在全国更加广阔的范围内产生各种形式的创新。

推进大众创业万众创新一方面要鼓励更多社会主体创新创业，不论是高校、研究所还是企业，凡是具有创新能力的主体，只要具有创新的能力和创新的动力，政府就应该通过相应的政策支持，在全社会形成创新主体普惠支持，开拓创新来源，为创新的发展创造更多的可能性。另一方面就是要强化人才激励政策，从人才培养到人才使用再到人才评价，通过建立完善的人才发展体系为创新的发展不断输送新的人才，保证创新人才的持续性，另外优化归国留学人员和外籍人才，是我国间接学习发达国家先进技术的重要渠道。经济新常态背景下，创新主体普惠支持政策和各类善用、重用人才政策，有利于在我国形成"大众创业，万众创新"的新局面，从而实现引领产业创新发展，实现"中国模式"的转型升级和经济的可持续发展。

第 13 章

结论与展望

13.1 研究主要结论

本研究的主要结论有如下几点：

1. 构建"中国模式"转型框架和"中国模式"转型绩效框架。

在综合以上研究基础上，并结合自我研究，本书将"中国模式"框架划分为"体制模式"转型、"结构模式"转型和"发展模式"转型，并对应将"中国模式"转型绩效划分为三个主要维度，分别为体制转型绩效、结构转型绩效和发展方式转型绩效，构建"中国模式"转型绩效评价体系。

2. 提出了"中国模式"的同质性和异质性。

指出"中国模式"的异质性的实质是"中国特色"，针对"中国模式"的同质性、异质性和价值意义进行研究，对比"中国模式"和其他模式的异同，探讨"中国模式"的同质性、异质性和价值。首先将"中国模式"与世界各国几种"发展模式"如苏联模式、东欧等国家经济转型模式、拉美模式等进行对比，得出该几种模式不适合中国社会主义发展道路。其次，从形成路径、形成要素和形成方式三个方面对"中国模式"的同质性进行分析，再从初始条件、制度变迁方式、转换方式和形成过程四个方面对"中国模式"的异质性进行分析。最后指出"中国模式"的价值和意义：是社会主义发展的新型模式，是广大发展中国家走向现代化的有益模式，深刻证实了各个国家的经济发展转型不能照抄照搬他国道路，而应探寻适合本国国情的模式。

3. 对"中国模式"转型绩效进行综合评价。

指出了"中国模式"转型绩效的内涵，构建"中国模式"转型绩效评价体系，提出评价的原则、确立权重，测算"中国模式"转型绩效综合指数。测算得出以下结论：第一，从总体来看，中国 33 年的时间内，"中国模式"转型绩效呈现逐年递增的趋势，但是未来，如何保持"中国模式"转型绩效的不断递增趋势，这也就是说，未来中国长期的制度变迁中，如果避免边际报酬递减，实现规模报酬递增需要考虑后期制度变迁效率、"中国模式"转型的成本大小，以及"中国模式"转型成本分摊中的利益方博弈失衡所带来的效率损失大小。第二,"体制模式"转型绩效是最为突出的,也是促进中国经济发展最为直接的贡献力量。这表明在"中国模式"转型中,国家越来越倾向于转变政府职能,实现从"微观"调控向"直接"调控的转变,发挥市场在资源配置中的基础作用,减少国家行政干预。第三,"中国模式"转型绩效阶段主要分为四个阶段,四个阶段的变化与中国现实发展状况相互符合。对此本书提出两点政策建议:第一,发挥国家主体在"中国模式"转型后的有效控制作用;第二,"中国模式"转型后期的重点需要根据转型实际结果进行调整。

4. 提出了"中国模式"转型的创新路径。

运用"中国模式"在体制、结构和发展战略的创新支持,使其实现"中国模式"的长期可持续发展路径。

第一,"中国模式"转型中,必须构建转型的体制创新支撑,为"中国模式"转型提供体制保障,"中国模式"转型体制创新支持包括经济体制的创新支持、行政体制的创新支持、科技体制的创新支持和社会体制的创新支持。

第二,"中国模式"的结构创新支持显得尤为重要,它是"中国模式"转型的核心,"中国模式"转型结构创新支持包括新常态下的经济结构化提升、工业化与城市化、城镇化的发展和推进网络经济发展。

第三,"中国模式"转型的发展战略创新支持,是"中国模式"转型的未来发展方向,它包括了战略思路的创新、战略目标的创新、战略内容的创新和战略支持的创新。

13.2　有待进一步研究的问题

"中国模式"转型的未来是需要进一步研究的问题,国内外学者对此均进行过研究,有的研究认为,"中国模式"可以不断走向完善和成熟,成为引领未来世界经济发展的新模式,有的研究则认为"中国模式"问题重重,"中国模式"的概念也是不确定的,"中国模式"是不可持续的,未来"中国模式"发展中必将走向破灭。对"中国模式"进行客观分析来说,当前"中国模式"确实存在多方面的问题,表现为收入差距拉大,贪污腐败现状盛行、社会道德问题层出不穷。经济社会发展的多重问题决定了未来"中国模式"的发展方向。中国经济的发展不能单独决定"中国模式"发展方向,走全面发展道路才是"中国模式"转型成功的关键。这也是后期研究急需要解决的重要问题。

需要指出的是,"中国模式"是一个不断发展创新的过程,国内外关于"中国模式"的研究也在不断深化,后期研究中我们应该不断吸收国内外优秀研究评价,并利用转型经济学原理与中国实践相互结合,更深层次地研究"中国模式"转型的未来方向。尽管本书创新性建立"中国模式"转型绩效框架,即为体制转型绩效、结构转型绩效和发展方式转型绩效,但是对"中国模式"的研究还是不足的,有待进一步的深化。

参考文献

[1] [比] 热若尔·罗兰. 转型与经济学 [M]. 张帆等译. 北京：北京大学出版社，2002.

[2] [波兰] 格泽戈尔兹·科勒德克. 从休克到治疗——后社会主义转轨的政治经济 [M]. 刘晓勇，应春子等译. 上海：上海远东出版，2000.

[3] [波兰] 卡其米耶日·Z. 波兹南斯基. 全球化的负面影响：东欧国家的民族资本被剥夺 [M]. 佟宪国译. 北京：经济管理出版社，2004.

[4] [德] 柯武刚，史漫飞. 制度经济学——经济秩序与公共政策 [M]. 韩朝华译. 北京：商务印书馆，2000.

[5] [德] 托马斯·海贝勒. 中国是否可视为一种发展模式——七个假设. 载于俞可平，黄平等《中国模式与"北京共识"——超越"华盛顿共识"》. 北京：社会科学文献出版社，2006.

[6] [法] 托尼·安德烈阿尼. 中国融入世界市场是否意味着"中国模式"的必然终结 [J]. 国外理论动态，2000（5）.

[7] [美] 大卫·科茨. 国家在经济转型中的作用 [J]. 陈晓译. 国外理论动态，2005（2）.

[8] [美] 道格拉斯·C. 诺斯. 经济史上的结构和变革 [M]. 厉以平译. 北京：商务印书馆，1992.

[9] [美] 道格拉斯·C. 诺斯. 制度，制度变迁与经济绩效 [M]. 杭行译. 上海：格致出版社，上海三联书店，上海人民出版社，2008.

[10] [美] 道格拉斯·C. 诺斯. 新制度经济学及其发展 [J]. 路平，何玮译. 经济社会体制比较，2005（2）.

[11] [美] H. 钱纳里. 工业化和经济增长的比较研究 [M]. 吴奇等译. 上海三联出版社，1989.

[12] [美] 康芒斯. 制度经济学（上册）[M]. 于树生译. 北京：商务印书馆，1962.

[13] [美] 麦金农. 经济自由化的顺序——向市场经济转型中的金融控制 [M]. 李若谷，吴红卫译. 北京：中国金融出版社，1993.

[14] [美] 迈克尔·波特. 国家竞争优势 [M]. 李明轩，邱如姜译. 华夏出版

社，2002.

[15] [美] 乔舒亚·库珀·雷默等. 中国形象：外国学者眼中的中国 [M]. 北京：社会科学文献出版社，2006.

[16] [美] 约瑟夫. 斯蒂格利茨. 走向一种新的发展范式 [J]. 王燕燕译. 经济社会体制比较，2005（1）.

[17] [日] 青木昌彦. 比较制度分析 [M]. 上海：上海远东出版社，2001.

[18] [英] 阿尔弗雷德·马歇尔. 经济学原理 [M]. 朱志泰译. 北京：商务印书馆，1981.

[19] Bromley, Daniel, Sufficient Reason: Institutions and Economic Change. Manuscript, 2000.

[20] D. 米多斯. 增长的极限 [M]. 于树生译. 北京：商务印书馆，2003.

[21] Jeffrey Sachs and Wing Thye Woo, Structural factors in the economic reform of China, Eastern Europe, and Former Soviet Union, Economic Policy, April 1994.

[22] K. Polanyi, The Economy as Instituted Process, In: Granovetter and Swedberg (ed.), 1992.

[23] Mcmillan, J. and B. Naughton, How to Reform a Planned Economy: Lesson From China, Oxford Review of Economic Policy, Vol. 8, No. 1, 1992.

[24] Peter Nolan, China's Post Maoist Political Economy: A Puzzle, Contributions to Political Economy, 1993（12）.

[25] Solow. R. M. A Contribution to the Theory of Economic Growth [J]. Quarterly Journal of Economics. 1965, (70). February. 65.

[26] W. W. 罗斯托. 从起飞进入持续增长的经济学 [M]. 成都：四川人民出版社，1988.

[27] World Bank. Transition—The First Ten Years: Analysis and Lessons for Eastern Europe and the Former Soviet Union, Washington D. C., 2002.

[28] Yoshio Wada, Incentives and Property Rights in China's state - owned enterprise reform, OECF Journal of Development Assistance, Vol. 4. No. 1. 1998.

[29] 阿马蒂亚·森. 以自由看待发展 [M]. 中文版. 北京：中国人民大学出版社，2002.

[30] 保罗·萨缪尔森，威廉·诺德豪斯. 经济学（第16版）[M]. 中文版. 北京：华夏出版社，1999.

[31] 北京大学中国国民经济核算与经济增长研究中心. 中国经济增长报告——经济结构与可持续发展 [M]. 北京：中国经济出版社，2008.

[32] 彼得·拉特兰. 后社会主义国家与新的发展模式的变化：俄罗斯与中国的比较 [J]. 经济社会体制比较，2010（2）.

[33] 钞小静，任保平. 中国经济增长质量的时序变化与地区差异分析 [J]. 经济研

究，2011（4）.

［34］曹新. 中国经济发展模式的选择［J］. 经济研究参考，2005（7）.

［35］陈国恒. 国有产权制度改革研究［M］. 北京：中国社会科学出版社，2004.

［36］陈建青等. 创新，经济增长与制度变迁的互依性［J］. 南开经济研究，2004（4）.

［37］陈平. 中国的结构转型与经济增长［J］. 世界经济，2001（3）.

［38］陈体标. 经济结构变化和经济增长［J］. 经济学（季刊），2007（4）.

［39］陈晓光，龚六堂. 经济结构变化与经济增长［J］. 经济学（季刊），2005（4）.

［40］陈志武. 中国经济发展模式中的"为什么"［J］. 国际融资，2009（8）.

［41］陈宗胜. 双重过渡经济学［M］. 天津：天津教育出版社，2005.

［42］程恩富，胡乐明，刘志明. 关于中国模式研究的若干难点问题探析［J］. 河北经贸大学学报，2011（1）.

［43］程恩富. 中国模式的经济体制特征和内涵［J］. 经济学动态，2009（12）.

［44］崔日明. 美国再工业化战略与中国制造业的转型研究［J］. 经济社会体制比较，2013（6）.

［45］倪建涛. 经济转型与市场秩序重构［M］. 北京：经济科学出版社，2004.

［46］丹尼·罗德里克. 为中国在世界经济中谋得一席之地［J］. 经济社会体制比较，2010（3）.

［47］邓大才. 强制性制度变迁方式转换的时机选择［J］. 财经问题研究，2006（4）.

［48］邓宏图. 转轨期中国制度变迁的演进论解释——以民营经济的演化过程为例［J］. 中国社会科学，2004（5）.

［49］邓小平文选（第三卷），北京：人民出版社，1993.

［50］樊纲，王小鲁，张立文，朱恒鹏. 中国各地区市场化相对进程报告［J］. 经济研究，2003（3）.

［51］樊纲. 渐进之路：对经济改革的经济学分析［M］. 北京：中国社会科学文献出版社，1993.

［52］樊纲. 两种改革成本与两种改革方式［J］. 经济研究，1993（1）.

［53］樊胜根等. 中国经济增长和结构调整［J］. 经济学（季刊），2002（2）.

［54］冯乾. 中国经济内外失衡的原因及政策调整［J］. 经济与管理，2012（2）.

［55］国家统计局科学技术部. 中国科技统计年鉴［M］. 北京：中国统计出版社，2012.

［56］高贺. "中国模式"的内生性与可持续性研究［D］. 北京：外交学院，2011.

［57］葛霖生. 中外十国经济增长方式比较［J］. 世界经济，2001（3）.

［58］葛新元. 中国经济结构变化对经济增长的贡献的计量分析［J］. 北京师范大学学报（自然科学版），2000（1）.

［59］郭克莎. 中国：改革中的经济增长和结构变动［M］. 上海：上海三联出版

社，1996.

[60] 郭熙保. 发展经济学经典论著选［M］. 北京：中国经济出版社，1998.

[61] 干春晖，郑若谷，余典范. 中国产业结构变迁对经济增长和波动的影响研究［J］. 经济研究，2011（5）.

[62] 韩康. 中国市场经济模式探讨［J］. 新华文摘，2009（4）.

[63] 何自力. 中国模式与未来道路探索［J］. 社会科学研究，2009（2）.

[64] 洪银兴，蔡昉，刘伟，杨瑞龙. 中国经济学家年度论坛专家演讲稿（二）［J］. 当代财经，2010（2）.

[65] 洪银兴，曹勇. 经济体制转轨时期的地方政府功能. 经济研究，1996（5）.

[66] 洪银兴. 中国经济转型和转型经济学［J］. 经济学动态，2006（7）.

[67] 洪银兴. 产业创新与新增长周期［J］. 经济学动态，2009（10）.

[68] 洪银兴. 社会转型，体制转型与经济增长方式的转型［J］. 江海学刊，2003（5）.

[69] 洪银兴. 迎接新增长周期：发展创新型经济［J］. 学术月刊，2010（1）.

[70] 洪银兴. 科技创新与创新型经济［J］. 管理世界，2011（7）.

[71] 洪银兴. 论创新驱动经济发展战略［J］. 经济学家，2013（1）.

[72] 胡锦涛. 坚定不移沿着中国特色社会主义道路前进，为全面建成小康社会而奋斗——在中国共产党第十八次全国代表大会上的报告［R］. 北京：人民出版社，2012.

[73] 胡钧. 不断深化和完善社会主义市场经济体制的认识［J］. 政治经济学评论，2010（1）.

[74] 胡鞍钢. 中国社会转型与经济转型是关联性转型［J］. 求是，2011（4）.

[75] 华民. 中国经济高速增长的逻辑与面临的选择［J］. 学术月刊，2009（7）.

[76] 华民. 走出中国经济"新常态"论理论误区［J］. 人民论坛，2014（2）.

[77] 黄少安，赵建. 转轨失衡与经济的短期和长期增长：一个寻租模型［J］. 经济研究，2009（1）.

[78] 霍利斯·钱纳里，莫尔塞思·赛尔昆. 发展的型式：1950—1970［M］. 北京：经济科学出版社，1988.

[79] 霍利斯·钱纳里. 结构变化与发展政策［M］. 北京：经济科学出版社，1991.

[80] 江君. "中国模式"研究［D］. 南京：南京师范大学，2011.

[81] 蒋殿春，张宇. 经济转型与外商直接投资技术溢出效应［J］. 经济研究，2008（7）.

[82] 金荣学. 中国经济转型时期省际经济增长差异研究［D］. 武汉：华中科技大学，2006.

[83] 靳涛. 双层次互动进化博弈制度变迁模型——对中国经济制度渐进式变迁的解释［J］. 经济评论，2003（3）.

[84] 景维民，孙景宇. 转型经济学［M］. 北京：经济管理出版社，2008.

[85] 剧锦文. 世界经济大转轨中的转轨经济学 [N]. 经济学消息报, 1997-1-31.

[86] 柯武刚, 史漫飞. 新制度经济学——社会秩序与公共政策 [M]. 中文版. 北京: 商务印书馆, 2000.

[87] 科斯等. 财产权利与制度变迁 [M]. 上海: 上海三联书店, 上海人民出版社, 1994.

[88] 坤荣. 体制转型期的中国经济增长 [M]. 南京: 南京大学出版社, 1999.

[89] 雷钦礼. 中国经济结构的演化及其增长效益的测度分析 [J]. 统计研究, 2007 (11).

[90] 李彬. "中国模式"的形成、内涵及完善研究 [D]. 济南: 山东财经大学, 2012.

[91] 李炳炎. "中国模式"经济改革论纲 [J]. 经济学动态, 2009 (2).

[92] 李贺军. 中国增长方式选择 [M]. 北京: 社会科学文献出版社, 1999.

[93] 李宏涛. 中国经济发展模式转型: 从以物为本到以人为本 [J]. 江西财经大学学报, 2012 (1).

[94] 李厚延. 政府强力的制度变革动力效应 [J]. 华东经济管理, 2005 (10).

[95] 李怀. 制度生命周期与制度效率递减 [J]. 管理世界, 1999 (3).

[96] 李晟. 当代中国国家转型中的中央与地方分权 [J]. 公共管理评论, 2007 (1).

[97] 李旭宏. 中国模式的内涵和意义研究 [D]. 太原: 山西大学, 2010.

[98] 李大元. 发达国家再工业化及其对我国转变经济发展方式的启示 [J]. 现代经济探讨, 2011 (8).

[99] 李永友. 我国需求结构失衡及其程度评估 [J]. 经济学家, 2012 (1).

[100] 厉以宁. 西方福利经济学述评 [M]. 北京: 商务印书馆, 1983.

[101] 厉以宁. 转型发展理论 [M]. 北京: 同心出版社, 1996.

[102] 林岗. 诺斯与马克思: 关于制度变迁道路理论的阐述 [J]. 中国社会科学, 2001 (1).

[103] 林毅夫, 蔡昉, 李周. 中国的奇迹: 发展战略与经济改革 [M]. 上海: 上海三联书店, 上海人民出版社, 1999.

[104] 林毅夫, 蔡昉, 李周. 竞争, 政策性负担与国有企业改革 [J]. 经济社会体制比较 1998 (5).

[105] 林毅夫, 蔡昉, 李周. 中国经济转型的地区差距分析 [J]. 经济研究, 1998 (10).

[106] 林毅夫, 苏剑. 论中国经济方式的转换 [J]. 管理世界, 2007 (11).

[107] 林毅夫. 论中国经济改革的渐进式道路. 发展战略与经济改革 [M]. 北京: 北京大学出版社, 2004.

[108] 林毅夫. 经济发展与转型——思潮, 战略与自生能力 [M]. 北京: 北京大学出版社, 2008.

[109] 刘国光,李京文.中国经济大转变:经济增长方式转变的综合研究[M].广州:广东人民出版社,2001.

[110] 刘国光.中国经济体制改革的模式研究[M].北京:中国社会科学出版社,1988.

[111] 刘世锦.传统与现代之间——增长模式转型与新型工业化道路的选择[M].北京:中国人民大学出版社,2006.

[112] 刘世锦.中国经济增长模式评估与转型选择[J].改革,2012(1).

[113] 刘嗣明.世界市场经济模式及其最新演进(上,下)[M].北京:经济科学出版社,2008.

[114] 刘伟.转轨中的经济增长与经济结构[M].北京:中国发展出版社,2005.

[115] 刘伟,苏剑."新常态"下的中国宏观调控[J].经济科学,2014(4).

[116] 刘伟民.全球化视野下的中国模式[D].济南:山东大学,2009.

[117] 刘小玄.中国转轨过程中的产权和市场——关于市场、产权和行为、行为和绩效的分析[M].上海:上海人民出版社,上海三联书店,2003.

[118] 刘燕,万欣荣.中国社会转型的表现、特点与缺陷[J].社会主义研究,2011(4).

[119] 刘燕.中国转型模式:一个制度经济学的分析视角[J].人文杂志,2012(3).

[120] 刘易斯.二元经济论[M].北京:北京经济学院出版社,1989.

[121] 刘迎秋,刘霞辉.非国有经济改革与发展30年:回顾与展望[J].经济与管理研究,2009(1).

[122] 刘志彪.从后发到先发:关于实施创新驱动战略的理论思考[J].产业经济研究,2011(4).

[123] 卢卡斯.经济发展讲座[M].南京:江苏人民出版社,2003.

[124] 卢现祥.西方新制度经济学[M].北京:中国发展出版社,2003.

[125] 卢现祥.新制度经济学[M].武汉:武汉大学出版社,2004.

[126] 卢衍昌.中国模式:概念,历史及理念[J].甘肃理论学刊,2005(7).

[127] 罗必良.新制度经济学[M].太原:山西经济出版社,2005.

[128] 罗伯特·J.巴罗,哈维尔·萨拉伊马丁.经济增长[M].何晖,刘明兴译.北京:中国社会科学出版社,2000.

[129] 吕炜.经济转轨理论大纲[M].北京:商务印书馆,2006.

[130] 吕炜.中国式转轨与转轨的比较研究[J].经济研究参考,2006(59).

[131] 马丁·雅克.When China Rules the World: The Rise of the Middle Kingdom and the End of the Western World [M]. Allen Lane, 2009.

[132] 马洪,孙尚清.中国经济结构问题研究[M].北京:人民出版社,1981.

[133] 毛增余.斯蒂格利茨与转轨经济学[M].北京,中国经济出版社,2005.

[134] 潘强恩,马传景. 经济结构与经济增长 [M]. 北京:经济科学出版社,1998.

[135] 彭森等. 中国经济体制改革的国际比较与借鉴 [M]. 北京:中国人民大学出版社,2008.

[136] 皮亚杰. 结构主义 [M]. 北京:商务印书馆,1984.

[137] 青木昌彦等. 政府在东亚经济发展中的作用 [M]. 中文版. 北京:中国经济出版社,1998.

[138] 曲振涛,刘文革. "宪政转轨论" 评析 [J]. 经济研究,2002 (7).

[139] 任保平,蒋万胜. 经济转型、市场秩序与非正式制度安排 [J]. 学术月刊,2006 (9).

[140] 任保平,钞小静. 以二元经济结构的转化推进我国和谐社会的构建 [J]. 福建论坛:人文社会科学版,2006 (10).

[141] 任保平. 低成本经济发展的制度阐释 [M]. 北京:中国社会科学出版社,2003.

[142] 任保平. 以质量看待增长:对新中国经济增长质量的评价与反思 [M]. 北京:中国经济出版社,2010.

[143] 任保平等. 中国经济增长质量报告 (2012):中国经济增长质量指数及省区排名 [M]. 北京:中国经济出版社,2012.

[144] 任保平,钞小静. 从数量型增长向质量型增长转变的政治经济学分析 [J]. 经济学家,2012 (11).

[145] 任保平,郭晗. 红利变化背景下中国经济发展方式转变的路径转型 [J]. 西北大学学报 (哲学社会科学版),2012 (4).

[146] 任保平,魏婕. 追求质量是未来中国经济增长的主题 [J]. 经济纵横,2012 (4).

[147] 任保平. 结构失衡新特征背景下加快中国经济发展方式转变的机制 [J]. 社会科学战线,2013 (3).

[148] 任保平,刚翠翠. 社会转型促进经济增长质量提高的机理及路径 [J]. 陕西师范大学学报 (哲学社会科学版),2014 (1).

[149] 任保平. 以创新驱动提高中国经济增长的质量和效益 [J]. 黑龙江社会科学,2013 (4).

[150] 任保平. 新常态下以再工业化推进经济发展方式转变的路径选择 [J]. 社会科学辑刊,2015 (3).

[151] 任保平,辛伟. 大数据时代中国新常态经济增长路径与政策的转型 [J]. 人文杂志,2015 (4).

[152] 任保平,郭晗. 经济发展方式转变的创新驱动机制 [J]. 学术研究,2013 (2).

[153] 盛洪. 现代制度经济学 [M]. 北京:北京大学出版社,2003.

[154] 史正富. 超常增长：1979—2049年的中国经济 [M]. 上海：上海人民出版社，2013.

[155] 汤敏，茅于轼. 现代经济学前沿专题 [M]. 北京：商务印书馆，1999.

[156] 田春生. 理解"中国模式"的制度视角 [J]. 当代世界与社会主义，2005（5）.

[157] 王广谦. 中国崛起："北京共识"与"中国模式" [J]. 财贸经济，2008（2）.

[158] 王前强. 地方政府竞争与中国的经济转轨 [J]. 学术论坛，2005（4）.

[159] 王小鲁，樊纲，刘鹏. 中国经济增长方式转换和增长可持续性 [J]. 经济研究，2009（1）.

[160] 王玉海. 平滑转型推进的动力机制 [M]. 北京：社会科学文献出版社，2007.

[161] 魏杰. 中国经济发展模式的转型 [J]. 政治经济学评论，2010（2）.

[162] 魏礼群主编. 中国经济体制改革30年回顾与展望 [M]. 北京：人民出版社，2008.

[163] 吴敬琏，刘吉瑞. 论竞争性市场体制 [M]. 北京：中国财政经济出版社，1992.

[164] 吴敬琏. 中国增长模式抉择 [M]. 上海：上海远东出版社，2006.

[165] 吴敬琏. 中国经济体制改革三十年历程的制度思考 [J]. 新华文摘，2009（1）.

[166] 吴敬琏. 国内经济失衡的原因到底是什么？[J]. 经济研究参考，2011（12）.

[167] 吴敬琏. 中国经济体制与发展模式转型 [J]. 新金融评论，2015（2）.

[168] 吴皓. 产业新区论 [M]. 北京：世界图书出版公司，2013.

[169] 西蒙·库兹涅茨. 各国的经济增长：总产值和生产结构 [M]. 北京：商务印书馆，2005.

[170] 夏海清. 经济增长、产业发展与就业结构在中国的实证检验 [J]. 经济问题，2012（1）.

[171] 夏明. 转轨以来中国经济结构转变的实证分析 [J]. 统计研究，2002（2）.

[172] 谢琦. 中国经济增长模式转型：供给结构视角分析 [J]. 西安电子科技大学学报（社会科学版），2008（4）.

[173] 邢祖礼，刘传初. 寻租与中国转型经济的宏观特征 [J]. 宏观经济研究，2010（3）.

[174] 杨承训，乔法容. 开创中国模式：经济学的历史丰碑 [J]. 经济学动态，2009（12）.

[175] 杨启先等. 中国经济体制改革基本理论 [M]. 北京：中国人民大学出版社，2008.

[176] 杨瑞龙. 中国经济发展研究报告 [M]. 北京：中国人民大学出版社，2004.

[177] 俞可平，黄平等. 中国模式与"北京共识"——超越"华盛顿共识" [M]. 北

京：社会科学文献出版社，2006.

[178] 俞可平．关于"中国模式"的思考［J］．探索与争鸣，2005（19）．

[179] 俞可平．大数据与大数据经济学［J］．中国软科学，2013（7）．

[180] 袁富华．中国经济增长潜力分析［M］．北京：社会科学文献出版社，2007.

[181] 袁志刚，柯樟勇．以新的视角审视当前中国宏观经济增长［J］．经济研究，2004（7）．

[182] 袁志刚．中国经济增长：制度，结构，福祉［M］．上海：复旦大学出版社，2006.

[183] 约瑟夫·熊彼特．经济发展理论［M］．中文版．北京：商务印书馆，1990.

[184] 姚海琳．西方国家"再工业化"浪潮：解读与启示［J］．经济问题探索，2012（8）．

[185] 张建华，程文．中国经济转型与发展模式创新［J］．决策探索，2011（3）．

[186] 张军．社会主义的政府与企业：从"退出"角度的分析［J］．经济研究，1994（4）．

[187] 张军．"双轨制"经济学：中国的经济改革（1978—1992）［M］．上海：上海三联书店，1997.

[188] 张军．转型与增长［M］．上海：上海远东出版社，2002.

[189] 张曙光，赵农．市场化及其测度——兼评"中国经济体制市场化进程研究"［J］．经济研究，2000（10）．

[190] 张维迎．从现代企业理论看国有企业改革［J］．改革，1995（1）．

[191] 张五常．中国的经济制度［M］．北京：中信出版集团，2009.

[192] 张西立．中国模式的特质及其意义［J］．新华文摘，2009（15）．

[193] 张宇．中国的转型模式：反思与创新［M］．北京：经济科学出版社，2006.

[194] 张宇．中国转型模式的含义和逻辑［J］．经济社会体制比较，2008（4）．

[195] 张宇．转型政治经济学——中国经济改革模式的理论阐释［M］．北京：中国人民大学出版社，2008.

[196] 周冰，靳涛．经济体制转型方式及其决定［J］．中国社会科学，2005（1）．

[197] 周冰，商晨．转型期的"国家理论"模型［J］．江苏社会科学，2005（1）．

[198] 周冰．中国转型期经济改革理论的发展［J］．南开学报．2004（2）．

[199] 周弘．全球化背景下"中国道路"的世界意义［J］．中国社会科学，2009（5）．

[200] 周济．工程化产业化是创新驱动发展的关键［J］．求是，2012（16）．

[201] 周业安．中国制度变迁的演进论解释［J］．经济研究，2000（5）．

[202] 周振华．增长转型［M］．上海：上海人民出版社，1997.

[203] 周振华．中国制度创新的改革程序设定［J］．经济研究，1998.